◎主　编　黄玉峰

◎副主编　田澍兴

◎编　著　邓　彤

第十八册

新编中华文化基础教材

中华书局

图书在版编目（CIP）数据

新编中华文化基础教材 . 第十八册 / 黄玉峰主编；邓彤编著 . —北京：中华书局，2018.3
ISBN 978-7-101-12947-2

Ⅰ . 新…　Ⅱ . ①黄…②邓…　Ⅲ . 中华文化—初中—教材
Ⅳ . ①634.301

中国版本图书馆 CIP 数据核字（2017）第 290143 号

书　　名	新编中华文化基础教材（第十八册）
主　　编	黄玉峰
副 主 编	田澍兴
编　　著	邓　彤
责任编辑	祝安顺　熊瑞敏
出版发行	中华书局
	（北京市丰台区太平桥西里 38 号　100073）
	http://www.zhbc.com.cn
	E-mail:zhbc@zhbc.com.cn
印　　刷	湖南天闻新华印务邵阳有限公司
版　　次	2018 年 3 月北京第 1 版
	2018 年 3 月北京第 1 次印刷
规　　格	开本 / 880×1230 毫米　1/16
	印张 7　字数 100 千字
印　　数	1—3000 册
国际书号	ISBN 978-7-101-12947-2
定　　价	22.80 元

编写说明

一、《新编中华文化基础教材》是响应中共中央办公厅、国务院办公厅《关于实施中华优秀传统文化传承发展工程的意见》及教育部《完善中华优秀传统文化教育指导纲要》指导精神组织编写的中华优秀传统文化教材，一至九年级十八册，高中学段六册，共二十四册。

二、本教材以"立德树人"为教学宗旨，以分学段有序推进中华优秀传统文化教育为目标，注重培育和提高学生对中华优秀传统文化的亲切感和感受力，增强学生对中华优秀传统文化的理解力和理性认识，坚定文化自信。

三、本册教材供九年级下学期使用，内容以中国古典文学作品为主。传统文化是一种具有生命力的生活方式、思维模式和审美范式，而古典文学则是通向传统文化的重要途径。在编写过程中，我们遵循以下三个原则：

1.兼容并包的原则。教材广泛选择各种思想流派和各种体裁的文学作品，体现中华文化多元一体、和而不同的文化品格。

2.择善而从的原则。教材的选篇均为古典文学的经典篇目，是优秀传统文化中的精粹。

3.注重审美的原则。教材选择以古典文学作为通向传统文化的途径，希望学生在古典文学的审美体验和熏陶中习得并认同传统文化。

四、本册教材包含五个单元，每单元分为四个部分：

1.单元导读。此部分对单元主题作简要介绍和概览，使学生明确单元学习内容；设置情境，引发疑问与兴趣，为学习作准备。

2.选文部分。此部分为单元学习的重心，包括原文与注释两部分。原文以权威版本为底本，注释方面遵循以通解为主、局部释义的原则，帮助学生理解。

3.文史知识。此部分聚焦本单元涉及的文史知识，展开较为详尽的介绍、阐发与拓展，让学生更系统地感知文史传统。

4.思考与练习。此部分为教材的练习系统，辅助学生在单元学习过程中及学习完成后，对自己的学习情况进行检验，并明确进一步学习的任务。

五、本教材之编辑力求严谨，编写过程中广泛征求各界意见，期能以较完备之面貌呈现；然疏漏之处在所难免，敬祈学界先进不吝指教。

编者

2017年2月

目录

第一单元　朦胧迷人的花园
——《红楼梦》

第二单元　百花齐放的明代散文

第三单元　影响深远的散文
——桐城派

第四单元　读书人的时代反思
——《儒林外史》

第一单元

朦胧迷人的花园
——《红楼梦》

单元导读

　　中国数千年辉煌的文明孕育出《红楼梦》这部辉煌的巨著。《红楼梦》又以其博大精深的内涵滋润着每一个走进它的读者。无论你的学问深或浅，无论你的层次高或低，你都能在《红楼梦》中获得启迪。这部巨著如同一轮辉煌的红日，辐射着后世每一个层面的读者和作家！

　　中国古典小说大多偏好"传奇"，所写多为雄奇伟大的事件，例如《西游记》写神仙鬼怪，《三国演义》写王侯将相，《水浒传》写绿林好汉，而《红楼梦》最大的魅力在于它写出了日常生活的无限魅力。有人曾经这样调侃《红楼梦》：吃不完的饭，睡不完的觉，做不完的诗，没个完的笑。其实，正是曹雪芹致力于描写的这些日常生活中的诗意，才使得《红楼梦》跻身最伟大的文学巨著之列。

　　面对这部中国文学的顶峰之作，中学生朋友也许会望而却步。其实，许多伟大的经典都非常"平易近人"，不少经典都淳朴得如同生活本身。因此，中学生朋友们，只要你能感受生活，你就能欣赏名著，细细地读《红楼梦》，其实就是细细地品味生活，或者说，是在体验一种日常生活（当然，这也许是你从未经历过的生活）——体验生活对你而言又有什么可畏惧的呢？当大家面对《红楼梦》时，只需全身心投入到《红楼梦》所描绘的生活场景中去，去感受其中人物的喜怒哀惧，去欣赏大观园里的世情百态，去摩挲府前的石狮子，也去品一品妙玉的仙茶……在这基础上，你再尝试着去分析作品布局的安排、语言的锤炼、蕴含的哲理以及作者的身世、版本的演变……倘能如此，你就已经在欣赏《红楼梦》了。

　　用这样的方式阅读《红楼梦》，你还会觉得害怕吗？现在，我们开启大幕，让自己步入一个神奇美妙的世界……

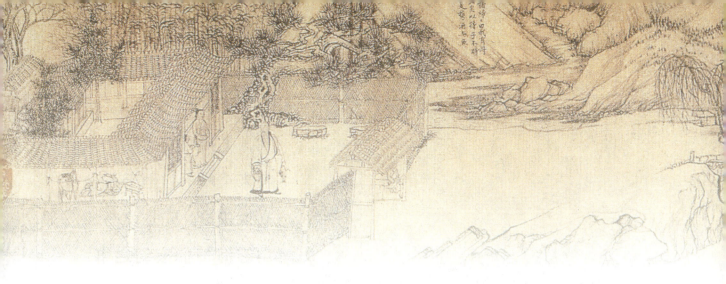

选文部分

大荒奇石①

> 一块顽石经过女娲锻炼，成为一块晶莹剔透的灵石。这块灵石进入人间，历经悲欢离合，最后大彻大悟，重回大荒山，并将自己在红尘中的经历一一记录下来，一部《石头记》就此诞生。作者用一个美丽的神话故事，虚构了小说的来由，神秘缥缈而美妙。

列位看官：你道此书从何而来？说起根由虽近荒唐，细按则深有趣味。待在下将此来历注明，方使阅者了然不惑。

原来女娲氏炼石补天之时，于大荒山无稽崖练成高经十二丈，方经二十四丈顽石三万六千五百零一块，娲皇氏只用了三万六千五百块，只单单的剩了一块未用，便弃在此山青埂峰下。谁知此石自经煅炼之后，灵性已通，因见众石俱得补天，独自己无材不堪入选，遂自怨自叹，日夜悲号惭愧。

一日，正当嗟悼之际，俄见一僧一道远远而来，生得骨格不

---

①节选自上海古籍出版社1985年影印甲戌本《红楼梦》第一回。

凡，丰神迥别，说说笑笑来至峰下，坐于石边高谈快论。先是说些云山雾海神仙玄幻之事，后便说到红尘中荣华富贵。此石听了，不觉打动凡心，也想要到人间去享一享这荣华富贵，但自恨粗蠢，不得已，便口吐人言，向那僧道说道："大师，弟子蠢物，不能见礼了。适闻二位谈那人世间荣耀繁华，心切慕之。弟子质虽粗蠢，性却稍通，况见二师仙形道体，定非凡品，必有补天济世之材，利物济人之德。如蒙发一点慈心，携带弟子得入红尘，在那富贵场中，温柔乡里受享几年，自当永佩洪恩，万劫不忘也。"二仙师听毕，齐憨笑道："善哉，善哉！那红尘中有却有些乐事，但不能永远依恃，况又有'美中不足，好事多魔[1]'八个字紧相连属，瞬息间则又乐极悲生，人非物换，究竟是到头一梦，万境归空，倒不如不去的好。"这石凡心已炽，那里听得进这话去，乃复苦求再四。二仙知不可强制，乃叹道："此亦静极思动，无中生有之数也。既如此，我们便携你去受享受享，只是到不得意时，切莫后悔。"石道："自然，自然。"那僧又道："若说你性灵，却又如此质蠢，并更无奇贵之处。如此也只好踮脚而已。

①好事多魔：今多写作"好事多磨"。

也罢，我如今大施佛法助你助，待劫终之日，复还本质，以了此案。你道好否？”石头听了，感谢不尽。那僧便念咒书符，大展幻术，将一块大石登时变成一块鲜明莹洁的美玉，且又缩成扇坠大小的可佩可拿。那僧托于掌上，笑道："形体倒也是个宝物了！还只没有实在的好处，须得再镌上数字，使人一见便知是奇物方妙。然后好携你到那昌明隆盛之邦，诗礼簪缨之族①，花柳繁华地，温柔富贵乡去安身乐业。"石头听了，喜不能禁，乃问："不知赐了弟子那几件奇处，又不知携了弟子到何地方？望乞明示，使弟子不惑。"那僧笑道："你且莫问，日后自然明白的。"说着，便袖了这石，同那道人飘然而去，竟不知投奔何方何舍。

后来，又不知过了几世几劫②，因有个空空道人访道求仙，忽从这大荒山无稽崖青埂峰下经过，忽见一大块石上字迹分明，编述历历。空空道人乃从头一看，原来就是无材补天，幻形入世，蒙茫茫大士、渺渺真人携入红尘，历尽离合悲欢炎凉世态的一段故事。后面又有一首偈③云：

　　无材可去补苍天，枉入红尘若许年。

　　此系身前身后事，倩谁记去作奇传？

诗后便是此石坠落之乡，投胎之处，亲自经历的一段陈迹故事。……空空道人听如此说，思忖半晌，将这《石头记》再检阅一遍，因见上面虽有些指奸责佞贬恶诛邪之语，亦非伤时骂世之旨，及至君仁臣良父慈子孝，凡伦常所关之处，皆是称功颂德，眷眷无

---

①诗礼簪缨之族：指书香门第，官宦人家。诗礼，读诗书，讲礼仪。簪缨，贵族的帽饰，这里指做官。
②劫：佛教用语，佛家认为，世界经历千年后，就要毁灭一次，重新开始，这一周期称为一"劫"。
③偈（jì）：佛家传达佛理的短诗，一般为四句韵文。

穷，实非别书之可比。虽其中大旨谈情，亦不过实录其事，又非假拟妄称，一味淫邀艳约，私订偷盟之可比。因毫不干涉时世，方从头至尾抄录回来，问世传奇。

从此空空道人因空见色，由色生情，传情入色，自色悟空，遂易名为情僧，改《石头记》为《情僧录》。东鲁孔梅溪则题曰《风月宝鉴》。后因曹雪芹于悼红轩中披阅十载，增删五次，纂成目录，分出章回，则题曰《金陵十二钗》。并题一绝云：

> 满纸荒唐言，一把辛酸泪！
>
> 都云作者痴，谁解其中味？

沁芳溪畔读西厢①

元春幸游大观园后，遂命宝玉与众姊妹入园居住。从此，美丽的大观园入住了一群美丽的人儿，上演了许多美丽的故事。沁芳闸旁，桃花树下，落英缤纷，宝玉、黛玉共读《西厢记》，场景之美，令人心动；梨香院外墙角边，笛韵悠悠，黛玉静听《牡丹亭》，入心之深，值得品味。无论是少男少女的情窦初开，抑或孱弱生命的孤芳自赏、顾影自怜，都与文化传统紧密关联。

且说宝玉自进园来，心满意足，再无别项可生贪求之心。每日只和姊妹丫鬟们一处，或读书，或写字，或弹琴下棋，作画吟诗，以至描鸾刺凤，斗草②簪花，低吟悄唱，拆字猜枚③，无所不

---

① 节选自上海古籍出版社1995年版程甲本《红楼梦》第二十三回。原回目名是"西厢记妙词通戏语，牡丹亭艳曲警芳心"。　②斗草：一种端午民俗游戏，游戏者广采花草，比试数量和品相高低。　③拆字：一种按字形结构将文字转换为一句话的文字游戏。猜枚：一种将棋子或其他物件握在手中让对方猜测数目、单双、颜色等特征的游戏。

至，倒也十分快意。……

　　谁想静中生动，忽一日，不自在起来，这也不好，那也不好，出来进去只是发闷。园中那些女孩子，正在混沌世界天真烂漫之时，坐卧不避，嬉笑无心，那里知宝玉此时的心事？那宝玉不自在，便懒在园内，只想外头鬼混，却痴痴的又说不出什么滋味来。茗烟①见他这样，因想与他开心，左思右想皆是宝玉顽烦了的，只有一件，不曾见过。想毕便走到书坊②内，把那古今小说③，并那飞燕、合德、则天、玉环的"外传"与那传奇角本④，买了许多，孝敬宝玉。宝玉一看，如得珍宝。茗烟又嘱咐道："不可拿进园去，叫人知道了，我就'吃不了兜着走'了。"宝玉那里肯不拿进园去？踟蹰再四，单把那文理雅道⑤些的，拣了几套进去，放在床顶⑥上，无人时方看；那粗俗过露的，都藏于外面书房内。

　　那日正当三月中浣⑦，早饭后，宝玉携了一套《会真记》，走到沁芳闸桥那边桃花底下一块石上坐着，展开《会真记》，从头细玩。正看到"落红成阵"，只见一阵风过，树上桃花

---

①茗烟：《红楼梦》中贾宝玉身边的书童。　　②书坊：近似今日的书店，但当时有些兼有印刷之所。
③古今小说：当指明代冯梦龙编纂的拟话本小说集《全像古今小说》。　　④飞燕等：四人即汉代的赵飞燕及其妹妹赵合德，唐代的武则天和杨贵妃。外传：原是区别于正史多掺杂传说的人物传记，后演变为一种小说类型，如关于赵飞燕姐妹的就有《飞燕外传》。传奇角本：这里指那些以男女之情为主题的戏曲剧本。　　⑤雅道：高雅。　　⑥床顶：旧式的床有覆顶盖住床面。　　⑦中浣：即中旬。

吹下一大斗来，落得满身满书满地皆是花片。宝玉要抖将下来，恐怕脚步践踏了，只得兜了那花瓣儿，来至池边，抖在池内。那花瓣儿浮在水面，飘飘荡荡，竟流出沁芳闸去了。回来只见地下还有许多花瓣。宝玉正踟蹰间，只听背后有人说道："你在这里作什么？"宝玉一回头，却是黛玉来了，肩上担着花锄，锄上挂着纱囊，手内拿着花帚。宝玉笑道："来的正好，你把这些花瓣儿都扫起来，撂在那水里去罢。我才撂了好些在那里了。"黛玉道："撂在水里不好，你看这里的水干净，只一流出去，有人家的地方儿什么没有[①]？仍旧把花遭塌了。那畸角儿上我有一个花冢，如今把他扫了，装在这绢袋里，埋在那里；日久随土化了，岂不干净[②]？"

宝玉听了，喜不自禁，笑道："待我放下书，帮你来收拾。"黛玉道："什么书？"宝玉见问，慌的藏了，便说道："不过是《中庸》《大学》。"黛玉道："你又在我跟前弄鬼。趁早儿给我瞧瞧，好多着呢！"宝玉道："妹妹，要论你我是不怕的。你看了好歹别告诉人。真是好文章！你要看了，连饭也不想吃呢！"一面说，一面递过去。黛玉把花具放下，接书来瞧，从头看去，越看越爱，不顿饭时，已看了好几出了。但觉词句警人，余香满口。一面看了，只管出神，心内还默默记诵。宝玉笑道："妹妹，你说好不好？"黛玉笑着点头儿。宝玉笑道："我就是个'多愁多病的身'，你就是那'倾国倾城的貌[③]'。"黛玉听了，不觉带腮连耳的通红了，登时竖起两道似蹙非蹙的眉，瞪了一双似睁非睁的眼，桃腮带怒，薄面含

新编中华文化基础教材·第十八册

---

①参看杜甫《佳人》"在山泉水清，出山泉水浊"句。　②参看《红楼梦》第二十七回黛玉《葬花吟》"未若锦囊收艳骨，一抔净土掩风流。质本洁来还洁去，不教污淖陷渠沟"等句。　③这两句都是《西厢记》中的唱词，宝玉借用来与黛玉开玩笑。

嗔，指着宝玉道："你这该死的，胡说了！好好儿的，把这些淫词艳曲弄了来，说这些混账话，欺负我。我告诉舅舅、舅母①去。"说到"欺负"二字，就把眼圈儿红了，转身就走。宝玉急了，忙向前拦住道："好妹妹，千万饶我这一遭儿罢！要有心欺负你，明儿我掉在池子里，叫个癞头鼋②吃了去，变个大忘八③，等你明儿做了'一品夫人'病老归西的时候儿，我往你坟上替你驮一辈子碑去。"说的黛玉"扑嗤"的一声笑了，一面揉着眼，一面笑道："一般唬的这么个样儿④，还只管胡说。呸！原来也是个'银样镴枪头⑤'。"宝玉听了，笑道："你说说，你这个呢？我也告诉去。"黛玉笑道："你说你会'过目成诵'，难道我就不能'一目十行'么？"宝玉一面收书，一面笑道："正经快把花儿埋了罢，别提那些个了。"二人便收拾落花。

正才掩埋妥协⑥，只见袭人⑦走来，说道："那里没找到？摸在这里来了！那边大老爷⑧身上不好，姑娘们都过去请安去了，老太太叫打发你去呢。快回去换衣裳罢。"宝玉听了，忙拿了书，别了黛玉，同袭人回房换衣不提。

这里黛玉见宝玉去了，听见众姊妹也不在房中，自己闷闷的。正欲回房，刚走到梨香院墙角外，只听墙内笛韵悠扬，歌声婉转。林黛玉便知是那十二个女孩子演习戏文。虽未留心去听，偶然两句吹到耳朵内，明明白白一字不落道："原来是姹紫嫣红开遍，

---

①舅舅、舅母：指贾宝玉的父亲贾政和母亲王夫人。　②鼋（yuán）：大鳖。　③忘八：骂人的话，指龟鳖一类能缩头的动物，又称"王八"，这里是宝玉开玩笑的话。　④这句话的意思是：我就随便一说你就被吓成这样。　⑤银样镴（là）枪头：指看起来是银制的，实际却是较软的铅锡合金做成的枪头，有中看不中用的意思，也出自《西厢记》唱词。　⑥妥协：这里是完成的意思。　⑦袭人：即花袭人，《红楼梦》中贾宝玉身边的丫鬟。　⑧大老爷：指宝玉的伯父贾赦。

似这般，都付与断井颓垣①。"黛玉听了，倒也十分感慨缠绵，便止步侧耳细听。又唱道："良辰美景奈何天，赏心乐事谁家院。"听了这两句，不觉点头自叹，心下自思："原来戏上也有好文章，可惜世人只知看戏，未必能领略其中的趣味。"想毕，又后悔不该胡想，耽误了听曲子。再听时，恰唱道："只为你如花美眷，似水流年。"黛玉听了这两句，不觉心动神摇。又听道"你在幽闺自怜"等句，越发如醉如痴，站立不住，便一蹲身坐在一块山子石上，细嚼"如花美眷，似水流年"八个字的滋味。忽又想起前日见古人诗中，有"水流花谢两无情②"之句；再词中有"流水落花春去也，天上人间③"之句；又兼方才所见《西厢记》中"花落水流红，闲愁万种"之句：都一时想起来，凑聚在一处。仔细忖度，不觉心痛神驰，眼中落泪。

秋窗风雨夕④

　　人总有柔弱的时候，内心寂寞空虚，或是彷徨孤独，总是特别为外界环境所左右。黄昏时分，秋雨渐沥，更兼宿疾缠身，黛玉满怀悲凉，做长诗一首，其实尽是悲凉之音。此时，宝玉的忽然来访，为寒冷的雨夜增添了温暖和亮色。宝黛之间的对话，在深秋雨夜，显得格外温馨而美丽，他们彼此的眷念已经不言而喻；宝钗的心细如发也在这个凄风苦雨之夜给黛玉送去了温暖，让她罕见地与仆人开起了玩笑。作者特意在"灯"上停留，取其光明意象，却也兼有转瞬即逝之叹。温暖过后，黛玉依然有无限烦恼哀愁难对人说。

---

①这两句与下文"良辰美景""如花美眷""幽闺自怜"等句都出自戏曲《牡丹亭》。　　②这是唐代崔涂《春夕》诗的第一句。　　③这是南唐李煜词《浪淘沙·帘外雨潺潺》的最后两句。　　④节选自上海古籍出版社1995年版程甲本《红楼梦》第四十五回。原回目名是"金兰契互剖金兰语，风雨夕闷制风雨词"。

这里黛玉喝了两口稀粥，仍歪在床上，不想日未落时，天就变了，淅淅沥沥下起雨来。秋霖脉脉，阴晴不定，那天渐渐的黄昏时候了，且阴的沉黑，兼着那雨滴竹梢，更觉凄凉。知宝钗不能来了，便在灯下随便拿了一本书，却是《乐府杂稿》，有《秋闺怨》《别离怨》等词。黛玉不觉心有所感，不禁发于章句，遂成《代别离》一首，拟《春江花月夜》之格，乃名其词曰《秋窗风雨夕》。词曰：

秋花惨淡秋草黄，耿耿①秋灯秋夜长。

已觉秋窗秋不尽，那堪风雨助秋凉！

助秋风雨来何速？惊破秋窗秋梦续。

抱得秋情不忍眠，自向秋屏挑泪烛。

泪烛摇摇爇短檠②，牵愁照恨动离情。

谁家秋院无风入？何处秋窗无雨声？

罗衾不奈秋风力，残漏③声催秋雨急。

连宵脉脉复飕飕④，灯前似伴离人泣。

寒烟小院转萧条，疏竹虚窗时滴沥。

---

①耿耿：隐隐有光亮。　②爇（ruò）短檠（qíng）：蜡烛将燃尽，烧到烛台。爇，燃烧。檠，烛台。
③残漏：古时以漏壶计时，夜晚将尽天尚未明时分称为残漏。　④这句诗的意思是：（秋雨）连绵，通宵不绝，雨声飕飕，增人烦忧。脉脉（mò mò），连绵不绝的样子。飕飕，拟声词，形容风雨之声。

不知风雨几时休，已教泪洒窗纱湿。

吟罢搁笔，方欲安寝，丫鬟报说："宝二爷来了。"一语未完，只见宝玉头上戴着大箬笠①，身上披着蓑衣。黛玉不觉笑道："那里来的这么个渔翁？"宝玉忙问："今儿好？吃了药了没有？今儿一日吃了多少饭？"一面说，一面摘了笠，脱了蓑。一手举起灯来，一手遮着灯儿，向黛玉脸上照了一照，觑着瞧了一瞧，笑道："今儿气色好了些。"黛玉看他脱了蓑衣，里面只穿半旧红绫短袄，系着绿汗巾子，膝上露出绿绸撒花裤子，底下是掐金满绣的绵纱袜子，靸②着蝴蝶落花鞋。黛玉问道："上头怕雨，底下这鞋袜子是不怕的？也倒干净些呀。"宝玉笑道："我这一套是全的。一双棠木屐，才穿了来，脱在廊檐下了。"黛玉又看那蓑衣斗笠不是寻常市卖的，十分细致轻巧，因说道："是什么草编的？怪道穿上不像那刺猬似的。"宝玉道："这三样都是北静王送的。他闲常下雨时，在家里也是这样。你喜欢这个，我也弄一套来送你。别的都罢了，惟有这斗笠有趣：上头这顶儿是活的，冬天下雪带上帽子，就把竹信子抽了去，拿下顶子来，只剩了这圈子，下雪时男女都带得。我送你一顶，冬天下雪戴。"黛玉笑道："我不要他。戴上那个，成个画儿上画的和戏上扮的那渔婆儿了。"及说了出来，方想起来这话恰与方才说宝玉的话相连了，后悔不迭，羞的脸飞红，伏在桌上，嗽个不住。

宝玉却不留心，因见案上有诗，遂拿起来看了一遍，又不觉叫好。黛玉听了，忙起来夺在手内，灯上烧了。宝玉笑道："我已记熟了。"黛玉道："我要歇了，你请去罢，明日再来。"宝玉听了，回手向怀内掏出一个核桃大的金表来，瞧了一瞧，那针已指到戌末

①箬（ruò）笠：用箬叶编成的斗笠。　②靸（sǎ）：将鞋的后帮踩在脚后跟下的穿法。

新编中华文化基础教材·第十八册

亥初①之间，忙又揣了，说道："原该歇了，又搅的你劳了半日神。"说着，披蓑戴笠出去了，又翻身进来，问道："你想什么吃？你告诉我，我明儿一早回老太太，岂不比老婆子们说的明白？"黛玉笑道："等我夜里想着了，明日一早告诉你。你听雨越发紧了，快去罢。可有人跟没有？"两个婆子答应："有，在外面拿着伞点着灯笼呢。"黛玉笑道："这个天点灯笼？"宝玉道："不相干，是羊角②的，不怕雨。"黛玉听说，回手向书架上把个玻璃绣球灯拿下来，命点一枝小蜡儿来，递与宝玉道："这个又比那个亮，正是雨里点的。"宝玉道："我也有这么一个，怕他们失脚滑倒了打破了，所以没点来。"黛玉道："跌了灯值钱，跌了人值钱？你又穿不惯木屐子。那灯笼叫他们前头照着，这个又轻巧又亮，原是雨里自己拿着的。你自己手里拿着这个，岂不好？明儿再送来。就失了手也有限的，怎么忽然又变出这'剖腹藏珠'的脾气来！"宝玉听了，随过来接了。前头两个婆子打着伞，拿着羊角灯，后头还有两个小丫鬟打着伞。宝玉便将这个灯递给一个小丫头捧着，宝玉扶着他的肩，一径去了。

就有蘅芜苑③两个婆子，也打着伞提着灯，送了一大包燕窝来，还有一包子洁粉梅片雪花洋糖④。说："这比买的强。姑娘说：'姑娘先吃着，完了再送来。'"黛玉回说："费心。"命他："外头坐了吃茶。"婆子笑道："不喝茶了，我们还有事呢。"黛玉笑道："我也知道你们忙。如今天又凉，夜又长，越发该会个夜局，赌两场

---

①戌末亥初：古代用十二地支表示一天十二时辰，一个时辰对应今天的两小时，戌末亥初相当于晚上九点左右。　②羊角（灯）：指一种用羊角等透明材料制作的防风灯具，为富贵人家使用。　③蘅芜苑：薛宝钗在大观园中的住处。这里是薛宝钗派人给黛玉送东西。　④洁粉梅片雪花洋糖：指一种混入少许冰片的进口白糖，有药用价值。

第一单元　《红楼梦》

13

了。"一个婆子笑道："不瞒姑娘说，今年我沾了光了。横竖每夜有几个上夜的人，误了更又不好，不如会个夜局，又坐了更，又解了闷儿。今儿又是我的头家，如今园门关了，就该上场儿了。"黛玉听了，笑道："难为你们。误了你们的发财，冒雨送来。"命人："给他们几百钱打些酒吃，避避雨气。"那两个婆子笑道："又破费姑娘赏酒吃。"说着磕了头，出外面接了钱，打伞去了。

紫鹃收起燕窝，然后移灯下帘，伏侍黛玉睡下。黛玉自在枕上感念宝钗，一时又羡他有母有兄[1]；一面又想宝玉素昔和睦，终有嫌疑。又听见窗外竹梢蕉叶之上，雨声渐沥，清寒透幕，不觉又滴下泪来。直到四更方渐渐的睡熟了。

黛玉焚稿[2]

这是高鹗续书中最杰出的文字，有些"残忍"的作者，将宝玉、宝钗的婚礼与黛玉的离世同步书写，映射着命运无情的一面。黛玉焚稿，是痴情人的绝望之举，绝望到将最心爱之物付之一炬，读者当能感受到其中深入骨髓的悲哀。黛玉之死催人泪下，她对紫鹃的一番话，她临死前最后的呼喊，以及李纨、紫鹃等人的心理与行动描写，都是值得细细品味的上乘文字。

一日，黛玉早饭后带着紫鹃到贾母这边来，一则请安，二则也为自己散散闷。出了潇湘馆，走了几步，忽然想起忘了手绢子

---

[1] 有母有兄：指薛宝钗的母亲薛姨妈和哥哥薛蟠。薛姨妈即贾宝玉母亲王夫人的妹妹，林黛玉的母亲虽然是贾宝玉父亲贾政的妹妹，但已经去世，且无兄长，她因而时常感到孤独无依，且对薛宝钗与贾宝玉的关系特别敏感。　[2] 节选自《红楼梦》第九十六、九十七回、九十八回，版本同前篇。

来，因叫紫鹃回去取来，自己却慢慢的走着等他。刚走到沁芳桥那边山石背后当日同宝玉葬花之处，忽听一个人呜呜咽咽在那里哭。黛玉煞住脚听时，又听不出是谁的声音，也听不出哭着叨叨的是些什么话。心里甚是疑惑，便慢慢的走去。及到了跟前，却见一个浓眉大眼的丫头在那里哭呢。黛玉未见他时，还只疑府里这些大丫头有什么说不出的心事，所以来这里发泄发泄；及至见了这个丫头，却又好笑，因想到："这种蠢货，有什么情种①。自然是那屋里作粗活的丫头，受了大女孩子的气了。"细瞧了一瞧，却不认得。

　　那丫头见黛玉来了，便也不敢再哭，站起来拭眼泪。黛玉问道："你好好的为什么在这里伤心？"那丫头听了这话，又流泪道："林姑娘，你评评这个理：他们说话，我又不知道，我就说错了一句话，我姐姐也不犯②就打我呀。"黛玉听了，不懂他说的是什么，因笑问道："你姐姐是那一个？"那丫头道："就是珍珠姐姐。"黛玉听了，才知道他是贾母屋里的，因又问："你叫什么？"那丫头道："我叫傻大姐儿。"黛玉笑了一笑，又问："你姐姐为什么打你？你说错了什么话了？"那丫头道："为什么呢，就是为我们宝二爷娶宝姑娘的事情。"黛玉听了这句话，如同一个疾雷，心头乱跳，略定了定神，便叫了这丫头："你跟了我这里来。"那丫头跟着黛玉到那畸角儿上葬桃花的去处，那里背静③，黛玉因问道："宝二爷娶宝姑娘，他为什么打你呢？"傻大姐道："我们老太太和太太、二奶奶商量了，因为我们老爷要起身，说：就赶着往姨太太商量，把宝姑娘娶过来罢。头一宗，给宝二爷冲什么喜；第二宗——"说到这里，又瞅着黛玉笑了一笑，才说道："赶着办了，还要给林姑娘说

---

①情种：这里指特别重感情的人。　　②不犯：这里是不必、犯不着的意思。　　③背（bèi）静：僻静。

婆婆家呢。"

黛玉已经听呆了。这丫头只管说道："我又不知道他们怎么商量的，不叫人吵嚷，怕宝姑娘听见害臊。我白①和宝二爷屋里的袭人姐姐说了一句：'咱们明儿更热闹了，又是宝姑娘，又是宝二奶奶，这可怎么叫呢？'林姑娘，你说我这话害着珍珠姐姐什么了吗？他走过来就打了我一个嘴巴，说我混说，不遵上头的话，要撵出我去。——我知道上头为什么不叫言语呢？你们又没告诉我，就打我。"说着，又哭起来。

那黛玉此时心里，竟是油儿、酱儿、糖儿、醋儿倒在一处的一般，甜、苦、酸、咸，竟说不上什么味儿来了。停了一会儿，颤巍巍的说道："你别混说了。你再混说，叫人听见又要打你了。你去罢。"说着，自己转身要回潇湘馆去。那身子竟有千百斤重的，两只脚却像踩着棉花一般，早已软了。只得一步一步慢慢的走将来。走了半天，还没到沁芳桥畔。原来脚下软了，走的慢，且又迷迷痴痴，信着脚儿从那边绕过来，更添了两箭地的路。这时刚到沁芳桥畔，却又不知不觉的顺着堤往回里走起来。紫鹃取了绢子来，不见黛玉。正在那里看时，只见黛玉颜色雪白，身子恍恍荡荡的，眼睛也直直的，在那里东转西转。又见一个丫头往前头走了，离的远也看不出是那一个来，心中惊疑不定，只得赶过来，轻轻的问道："姑娘，怎么又回去？是要往那里去？"黛玉也只模糊听见，随口应道："我问问宝玉去！"紫鹃听了，摸不着头脑，只得搀着他到贾母这边来。

黛玉走到贾母门口，心里似觉明晰，回头看见紫鹃搀着自

①白：副词，只是，仅仅。

新编中华文化基础教材·第十八册

己，便站住了，问道："你作什么来的？"紫鹃陪笑道："我找了绢子来了。头里见姑娘在桥那边呢，我赶着过来问姑娘，姑娘没理会。"黛玉笑道："我打量你来瞧宝二爷来了呢，不然，怎么往这里走呢？"紫鹃见他心里迷惑，便知黛玉必是听见那丫头什么话了，惟有点头微笑而已。只是心里怕他见了宝玉，那一个已经是疯疯傻傻，这一个又这样恍恍惚惚，一时说出些不大体统的话来，那时如何是好？心里虽如此想，却也不敢违拗，只得搀他进去。

那黛玉却又奇怪，这时不是先前那样软了，也不用紫鹃打帘子，自己掀起帘子进来。却是寂然无声，因贾母在屋里歇中觉，丫头们也有脱滑儿玩去的，也有打盹的，也有在那里伺候老太太的。倒是袭人听见帘子响，从屋里出来一看，见是黛玉，便让道："姑娘，屋里坐罢。"黛玉笑着道："宝二爷在家么？"袭人不知底里，刚要答言，只见紫鹃在黛玉身后和他努嘴儿，指着黛玉，又摇摇手儿。袭人不解何意，也不敢言语。黛玉却也不理会，自己走进房来。看见宝玉在那里坐着，也不起来让坐，只瞅着嘻嘻的傻笑。黛玉自己坐下，却也瞅着宝玉笑。两个人也不问好，也不说话，也无推让，只管对着脸傻笑起来。袭人看见这番光景，心里大不得主意，只是没法儿。忽然听着黛玉说道："宝玉，你为什么病了？"宝玉笑道："我为林姑娘病了。"袭人紫鹃两个吓得面目改色，连忙用言语来岔。两个却又不答言，仍旧傻笑起来。袭人见了这样，知道黛玉此时心中迷惑，和宝玉一样，因悄和紫鹃说道："姑娘才好了，我叫秋纹妹妹同着你搀回姑娘，歇歇去罢。"因回头向秋纹道："你和紫鹃姐姐送林姑娘去罢。你可别混说话。"秋纹笑着也不言语，便来同着紫鹃搀起黛玉。那黛玉也就起来，瞅着宝玉只管笑，只管点头儿。紫鹃又催道："姑娘，回家去歇歇罢。"黛玉道："可不是，我这就是回去的时候儿了。"说着，便回身笑着出来了，仍旧不用丫头们搀扶，自己却走得比往常飞快。紫鹃秋纹后面赶忙跟着走。

黛玉出了贾母院门，只管一直走去，紫鹃连忙搀住叫道："姑娘，往这么来。"黛玉仍是笑着，随了往潇湘馆来。离门口不远，紫鹃道："阿弥陀佛，可到了家了。"只这一句话没说完，只见黛玉身子往前一栽，"哇"的一声，一口血直吐出来。

……

黛玉虽然服药，这病日重一日。紫鹃等在旁苦劝，说道："事情到了这个分儿，不得不说了。姑娘的心事，我们也都知道。至于意外之事，是再没有的。姑娘不信，只拿宝玉的身子说起，这样大病，怎么做得亲呢？姑娘别听瞎话，自己安心保重才好。"黛玉微笑一笑，也不答言，又咳嗽数声，吐出好些血来。紫鹃等看去，只有一息奄奄，明知劝不过来，惟有守着流泪。天天三四趟去告诉贾母，鸳鸯测度贾母近日比前疼黛玉的心差了些，所以不常去回。况贾母这几日的心都在宝钗宝玉身上，不见黛玉的信儿，也不大提起，只请太医调治罢了。

黛玉向来病着，自贾母起直到姊妹们的下人常来问候，今见贾府中上下人等都不过来，连一个问的人都没有，睁开眼只有紫鹃一人。自料万无生理，因扎挣着向紫鹃说道："妹妹，你是我最知心的，虽是老太太派你伏侍我，这几年，我拿你就当作我的亲妹妹。"说到这里，气又接不上来。紫鹃听了，一阵心酸，早哭得说不出话来。迟了半日，黛玉又一面喘，一面说道："紫鹃妹妹，我躺着不受用，你扶起我来靠着坐坐才好。"紫鹃道："姑娘的身上不大好，起来又要抖搂①着了。"黛玉听了，闭上眼不言语了，一时又要起来。紫鹃没法，只得同雪雁把他扶起，两边用软枕靠住，自己却倚在旁边。黛玉那里坐得住，下身自觉硌的疼，狠命的撑着，叫过雪雁来道："我的诗本子。"说着，又喘。

雪雁料是要他前日所理的诗稿，因找来送到黛玉跟前。黛玉点点头儿，又抬眼看那箱子。雪雁不解，只是发怔。黛玉气的两眼直瞪，又咳嗽起来，又吐了一口血。雪雁连忙回身取了水来，黛玉漱了，吐在盒内。紫鹃用绢子给他拭了嘴。黛玉便拿那绢子指着箱子，又喘成一处，说不上来，闭了眼。紫鹃道："姑娘歪歪②儿罢。"黛玉又摇摇头儿。紫鹃料是要绢子，便叫雪雁开箱，拿出一块白绫绢子来。黛玉瞧了，撂在一边，使劲说道："有字的。"紫鹃这才明白过来，要那块题诗的旧帕，只得叫雪雁拿出来递给黛玉。紫鹃劝道："姑娘歇歇儿罢，何苦又劳神？等好了再瞧罢。"只见黛玉接到手里也不瞧，扎挣着伸出那只手来，狠命的撕那绢子。却是只有打颤的分儿，那里撕得动。紫鹃早已知他是恨宝玉，却也不敢说破，只说："姑娘何苦自己又生气！"黛玉微微的点头，便掖在袖里，说叫："点灯"。

雪雁答应，连忙点上灯来。黛玉瞧瞧，又闭上眼坐着，喘了一会子，又道："笼上火盆。"紫鹃打量他冷，因说道："姑娘躺下，多盖一件罢。那炭气只怕耽不住。"黛玉又摇头儿。雪雁只得笼上，搁在地下火盆架上。黛玉点头，意思叫挪到炕上来。雪雁只得端上来，出去拿那张火盆炕桌。那黛玉却又把身子欠起，紫鹃只得两只

---

①抖搂：这里指起身掀开衣被而受凉。　　②歪歪：这里是躺下歇息的意思。

手来扶着他。黛玉这才将方才的绢子拿在手中，瞅着那火，点点头儿，往上一撂。紫鹃唬了一跳，欲要抢时，两只手却不敢动。雪雁又出去拿火盆桌子，此时那绢子已经烧着了。紫鹃劝道："姑娘！这是怎么说呢！"黛玉只作不闻，回手又把那诗稿拿起来，瞧了瞧，又撂下了。紫鹃怕他也要烧，连忙将身倚住黛玉，腾出手来拿时，黛玉又早拾起，撂在火上。此时紫鹃却够不着，干急。雪雁正拿进桌子来，看见黛玉一撂，不知何物，赶忙抢时，那纸沾火就着，如何能够少待，早已烘烘的着了。雪雁也顾不得烧手，从火里抓起来，撂在地下乱踩，却已烧得所余无几了。那黛玉把眼一闭，往后一仰，几乎不曾把紫鹃压倒。紫鹃连忙叫雪雁上来，将黛玉扶着放倒，心里突突的乱跳。欲要叫人时，天又晚了；欲不叫人时，自己同着雪雁和鹦哥等几个小丫头，又怕一时有什么原故。好容易熬了一夜。

到了次日早起，觉黛玉又缓过一点儿来。饭后，忽然又嗽又吐，又紧起来。紫鹃看着不好了，连忙将雪雁等都叫进来看守，自己却来回贾母。那知到了贾母上房，静悄悄的，只有两三个老妈妈和几个做粗活的丫头在那里看屋子呢。紫鹃因问道："老太太呢？"那些人都说："不知道。"紫鹃听这话诧异，遂到宝玉屋里去看，竟也无人。遂问屋里的丫头，也说不知。紫鹃已知八九："但这些人怎么竟这样狠毒冷淡！"又想到黛玉这几天竟连一个人问的也没有，越想越悲，索性激起一腔闷气来，一扭身便出来了。自己想了一想："今日倒要看看宝玉是何形状，看他见了我怎么样过的去！那一年我说了一句谎话，他就急病了，今日竟公然做出这件事来。可知天下男子之心真真是冰寒雪冷，令人切齿的！"

一面走一面想，早已来到怡红院。只见院门虚掩，里面却又寂静的很。紫鹃忽然想到："他要娶亲，自然是有新屋子的，但不知他这新屋子在何处？"正在那里徘徊瞻顾，看见墨雨飞跑，紫鹃便叫住他。墨雨过来笑嘻嘻的道："姐姐在这里做什么？"紫鹃道："我听见宝二爷娶亲，我要来看看热闹儿，谁知不在这里。也不知是几儿？"墨雨悄悄的道："我这话只告诉姐姐，你可别告诉雪雁。上头吩咐了，连你们都不叫知道呢。就是今日夜里娶。那里是在这里？老爷派琏二爷另收拾了房子了。"说着，又问："姐姐有什么事么？"紫鹃道："没什么事，你去罢。"墨雨仍旧飞跑去了。紫鹃自己发了一回呆，忽然想起黛玉来，这时候还不知是死是活，因两泪汪汪，咬着牙，发狠道："宝玉！我看他明儿死了，你算是躲的过，不见了！你过了你那如心如意的事儿，拿什么脸来见我！"一面哭一面走，呜呜咽咽的，自回去了。

　　还未到潇湘馆，只见两个小丫头在门里往外探头探脑的，一眼看见紫鹃，那一个便嚷道："那不是紫鹃姐姐来了吗！"紫鹃知道不好了，连忙摆手儿不叫嚷。赶忙进来看时，只见黛玉肝火上炎，两颧红赤。紫鹃觉得不妥，叫了黛玉的奶妈王奶奶来，一看，他便大哭起来。这紫鹃因王奶妈有些年纪，可以仗个胆儿，谁知竟是个没主意的人，反倒把紫鹃弄的心里七上八下。忽然想起一个人来，便命小丫头急忙去请。你道是谁？原来紫鹃想起李宫裁是个孀居，今日宝玉结亲，他自然回避；况且园中诸事，向系李纨料理，所以打发人去请他。李纨正在那里给贾兰改诗，冒冒失失的见一个丫头进来回说："大奶奶！只怕林姑娘好不了！那里都哭呢。"李纨听了，吓了一大跳，也不及问了，连忙站起身来便走，素云碧月跟着。一头走着，一头落泪，想着："姐妹在一处一场，更兼他那容貌才情，真是寡二少双，惟有青女素娥①可以仿佛一二。竟这样小小的年纪，就作了北邙乡女②。偏偏凤姐想出一条偷梁换柱之计，自己也不好过潇湘馆来，竟未能少尽姊妹之情。真真可怜可叹！"一头想着，已走到潇湘馆的门口。里面却又寂然无声，李纨倒着起忙来："想来必是已死，都哭过了，那衣衾装裹未知妥当了没有？"连忙三步两步走进屋子来。里间门口一个小丫头已经看见，便说："大奶奶来了。"紫鹃忙往外走，和李纨走了个对脸。李纨忙问："怎么样？"紫鹃欲说话时，惟有喉中哽咽的分儿，却一字说不出，那眼泪一似断线珍珠一般，只将一只手回过去指着黛玉。

李纨看了紫鹃这般光景，更觉心酸，也不再问，连忙走过来看时，那黛玉已不能言。李纨轻轻叫了两声，黛玉却还微微的开眼，似有知识③之状，但只眼皮嘴唇微有动意，口内尚有出入之息，却要一句话、一点泪也没有了。李纨回身，见紫鹃不在跟前，便问雪雁。雪雁道："他在外头屋里呢。"李纨连忙出来，只见紫鹃在外间空床上躺着，颜色④青黄，闭了眼，只管流泪，那鼻涕眼泪把一个砌花锦边的褥子已湿了碗大的一片。李纨连忙唤他，那紫鹃才慢慢的睁开眼，欠起身来。李纨道："傻丫头，这是什么时候，且只顾哭你的。林姑娘的衣衾，还不拿出来给他换上，还等多早晚⑤呢？难道他个女孩儿家，你还叫他失身露体，精着来，光着去吗？"紫鹃听了这句话，一发止不住痛哭起来。李纨一面也哭，一面着急，

---

①青女素娥：两位神女的名字。青女，古代传说中掌管霜雪的女神。素娥，即传说中的嫦娥。　②北邙乡女：不幸去世的女子。北邙，即北邙山，在今河南省洛阳北，是著名的葬地，古代王公多葬于此，这里代指墓地。　③知识：这里指人的意识。　④颜色：这里指脸色。　⑤多早晚：什么时候。

一面拭泪，一面拍着紫鹃的肩膀说："好孩子！你把我的心都哭乱了！快着收拾他的东西罢，再迟一会子就了不得了。"

……

却说宝玉成家的那一日，黛玉白日已昏晕过去，却心头口中一丝微气不断，把个李纨和紫鹃哭的死去活来。到了晚间，黛玉却又缓过来了，微微睁开眼，似有要水要汤的光景。此时雪雁已去，只有紫鹃和李纨在旁。紫鹃便端了一盏桂圆汤和的梨汁，用小银匙灌了两三匙。黛玉闭着眼，静养了一会子，觉得心里似明似暗的。此时李纨见黛玉略缓，明知是回光反照的光景，却料着还有一半天耐头①，自己回到稻香村料理了一回事情。

这里黛玉睁开眼一看，只有紫鹃和奶妈并几个小丫头在那里，便一手攥了紫鹃的手，使着劲说道："我是不中用的人了！你伏侍我几年，我原指望咱们两个总在一处，不想我——"说着，又喘了一会儿，闭了眼歇着。紫鹃见他攥着不肯松手，自己也不敢挪动。看他的光景，比早半天好些，只当还可以回转，听了这话，又寒了半截。半天，黛玉又说道："妹妹！我这里并没亲人，我的身子是干净的，你好歹叫他们送我回去。"说到这里，又闭了眼不言语了。那手却渐渐紧了，喘成一处，只是出气大，入气小，已经促疾②的很了。

紫鹃忙了，连忙叫人请李纨。可巧探春来了。紫鹃见了，忙悄悄的说道："三姑娘，瞧瞧林姑娘罢。"说着，泪如雨下。探春过来，摸了摸黛玉的手，已经凉了，连目光也都散了。探春紫鹃正哭

---

①这句话的意思是：料想（黛玉）还能拖延一天半天的时间。　②促疾：指呼吸急促。

着叫人端水来给黛玉擦洗，李纨赶忙进来了。三个人才见了，不及说话。刚擦着，猛听黛玉直声叫道："宝玉！宝玉！你好——"说到"好"字，便浑身冷汗，不作声了。紫鹃等急忙扶住，那汗愈出，身子便渐渐的冷了。探春李纨叫人乱着拢头穿衣，只见黛玉两眼一翻，呜呼！

香魂一缕随风散，愁绪三更入梦遥！

当时黛玉气绝，正是宝玉娶宝钗的这个时辰。紫鹃等都大哭起来。李纨探春想他素日的可疼，今日更加可怜，便也伤心痛哭。因潇湘馆离新房子甚远，所以那边并没听见。

文史知识

一、《红楼梦》艺术手法

1.草蛇灰线、伏脉千里

这是古人对《红楼梦》叙事手法的一种形象的比喻。草中之蛇，游走灵动，你不可能看到蛇的全体，只能偶尔见到一点踪影，其余的你只能根据草动的迹象去揣摩想象。绳索燃烧后留下的灰迹同样是隐隐约约，似有似无。这是多么符合生活逻辑的一种写法啊！在生活中，你能够知道一个人的一切活动吗？事实上，你只能根据这个人的若干言行片段，然后根据种种迹象推测出一个人的全貌来。那种企图写尽人物一切活动的努力其实都是"可怜无补费精神"的。

在《红楼梦》中，你看不到一个故事贯穿到底的人物，往往一个人物上场表演了一两件动人的故事后就告一段落；然后又在另一场合上演另外一批人物的种种故事。有时一个人物只不过是片言只语，甚至只是间接地被涉及到。这种写法使小说的涉及面更广、写的人物更多，但同时也有风险——情节被中断了，故事性不强了。不是大手笔，不敢轻易使用这种笔法。

所以，读《红楼梦》，欣赏书中的人物，必须学会前后勾连，必须善于从蛛丝马迹中了解整体，必须从形迹上把握人物的本真。其实，在阅读中认识《红楼梦》中的人物与在生活中了解别人的方法完全相同，靠的是用心体会，靠的是人生阅历。

例如，"贾雨村"这一人物形象，从第一回一直贯穿到第一百二十回，但专门写他的只有两三回，其间不过是三言两语，甚至是间接被提及，但如果将这些细微之处综合起来，那么整个贾雨村的形象就立刻活灵活现地出现在读者眼前了。

2.二水分流、双峰对峙

中国人在审美意识的深层始终涌动着一种"对称之美"的情结。在数字上好偶数恶奇数，在文字上讲究对偶对仗，在生活中追求的是成双成对。《红楼梦》也不例外。在塑造人物形象时，曹雪芹就着力从"对称"角度塑造了一系列相反、相对、相近、相似的丰富多样的艺术形象。

在众多的人物之间，有着相当数量的两两相对的人物形象：有的性格相仿而呈现出风神迥异的姿态，例如宝钗与黛玉之间的"二水分流，双峰对峙"；有的因性格相近从而相映成趣，辉映出一片旖旎的风光，例如黛玉之与晴雯；有的身份相近但在品性上却有天壤之别，例如贾政与贾赦；有的是地位迥异却构成两个端点上最动人的风景，例如贾母之与刘姥姥。类似的对称还有许多，例如写了"张道士"还要写一个"王道士"；写了"赵姨娘"还要陪一个"周姨娘"；写了尤二姐之柔，再写尤三姐的烈；抄检大观园时，一面写了作为小姐的迎春的怯懦，一面又写了身为丫鬟的司棋的刚烈。

3.特犯不犯[1]

"特犯不犯"就是故意写重复文章，但在笔法境界上却不重复雷同。在写人时如此，在叙事时更是如此。"特犯不犯"这一手法，曹雪芹将之使用到了极至。

《红楼梦》侧重写日常生活琐事，这本来就具有相当的难度。而一再重复地描写同类情节，就更加难乎其难了。但曹雪芹却似乎有意在高难度上显示自己的才力，在《红楼梦》中一再写"犯文"。单以主要大事来看，就有以下多处：两次过元宵节、两次丧事出殡（秦可卿丧事与贾母丧事）、两次宝玉生日、两次宝玉显诗才（大观园试才与题林四娘）、两次出门（前往袭人家中与偷祭金钏）、两次联句（芦雪庵联句与中秋凹晶馆联句）……

这些不断重复的地方并没有使读者感到厌倦，甚至没有感到作者是在写相同的事。曹雪芹把如此类似的事件描写得如此风神迥异、各具特色，真不愧是文坛巨匠，大家手笔。

二、"红学"由来

"红学"现在是一门专门的学问。但是，它却起源于一句玩笑话。

---

[1]参看周汝昌:《红楼艺术》第二十七章，人民文学出版社，1995年。

在中国古代，小说是没有什么地位的，那时文学的正宗是诗文。但是，小说却以其蓬勃的生命力不断拓展着自己的空间。《红楼梦》问世后，就不胫而走、备受欢迎。当时，还没有印刷本，有不少人就亲手抄录，并以数十两银子的高价在书市上出售。等到程伟元、高鹗的排印本出现后，更是"一时风行，几乎家置一集"。不过，这时的《红楼梦》虽然拥有广大的爱好者，但在文人眼里仍然只是一种阅读消遣。在嘉庆年间流传着这样的诗句：

> 做阔全凭鸦片烟，何妨做鬼且神仙。

> 开谈不说红楼梦，读尽诗书是枉然。

把《红楼梦》与鸦片烟相提并论，其地位可见一斑。在当时学者心目中，真正的学问依然是传统的经学。

于是在光绪初期就产生了这样一个故事：学者朱昌鼎酷爱《红楼梦》，有人问他："先生现治何经何学？"他便戏答道："我所治经，乃少三曲之经；吾所专攻者，乃红学也。"可不是吗，繁体的"經"少了"三曲"不就是"红"吗？谁也没想到，这句玩笑话居然就流传开来，成为一门显学的专用名词。

光绪末年，随着小说在文学中地位日益提升，《红楼梦》越来越成为知识分子的重要话题，"红学"的学术味道也越来越浓了。到后来，许多一流学者如王国维、蔡元培、胡适、鲁迅、俞平伯等纷纷加入到研究《红楼梦》的行列中来，使得"红学"开始成为一门显学。

三、《红楼梦》版本系统及曹雪芹其人

版本是同一部书在不同的传抄、印刷过程中产生的不同的本子。版本研究对于研究作者思想、艺术眼光都有重要作用。尤其是《红楼梦》，版本繁多，并且不同版本间差异很大。对这些版本的比较研究，有助于全面深入地了解作品的真实状况以及艺术水准。

《红楼梦》的众多版本大体上可分为两大系统。一是只有前八十回的脂本系统，其中又包括手抄本和以手抄本为底本的刊印本两种。这一类型的得名是因为保留了署名为"脂砚斋""畸笏叟"等人的评语。从其评语内容和措辞口吻来看，都是与作者极为熟悉之人。事实上，《红楼梦》的作者曹雪芹的许多身世信息都是从这些批注中得知的。另一种是一百二十回活字排印的版本，这个系统经过了程伟元、高鹗的处理，主要包括续写后四十回、删去所有批语、删改前四十回中部分段落等，因此被称

为"程高本"系统。

对照两种版本系统可知，脂本较为接近作者原著，在许多细节方面比程高本丰富，但可惜的是它是一部不完整的作品；程高本的续写虽然饱受诟病，但毕竟使小说得以完成，同时首次刊刻印刷，是《红楼梦》得以流传的功臣，也是目前通行本《红楼梦》的底本，本单元选文除第一篇外，均采用1791年刊刻的"程甲本"。过去有研究者过分强调了程高本对脂本的修改及其明显违背作者原意的部分，并据此完全否定程高本的价值，这是不符合事实的。事实上，最早刊刻的脂本也要到1909年由有正书局出版，即戚本《石头记》；而真正使人们认识到脂本还要到1927年胡适先生在上海购买到仅存十六回的"甲戌本"《脂砚斋重评石头记》。换言之，在1793年即"程乙本"之后的一百多年里，人们看到的主要是"程高本"，评论的也主要是"程高本"，它的价值不容否定。

曹雪芹（1715？—1763？），名霑，字梦阮，别号雪芹，又号芹圃、芹溪。曹家属正白旗包衣人出身，曹雪芹的祖父曹寅是康熙的亲信，因此曹寅、曹頫等人长期担任江宁织造、苏州织造等重要差事。但雍正即位后，下令限期缴纳欠国库的亏空，曹頫无法完成，于雍正六年遭到查抄，家族就此败落。曹雪芹是曹頫的子辈，可能目睹了这场家族灾难，有人据此认为，《红楼梦》中几大家族的败落就是以此为背景的。可以肯定的是，曹雪芹历经了家族兴衰，后期境况凄凉。清宗室敦诚写作的《佩刀质酒歌序》中说："秋晓遇雪芹于槐园，风雨淋涔[1]，朝寒袭袂。时主人未出，雪芹酒渴如狂，余因解佩刀沽酒而饮之。雪芹欢甚。"从中可见，曹雪芹潦倒到了什么程度。曹雪芹在世时，《红楼梦》就已经流传，他边写边改，至死未毕。人们一直希望后四十回或许有一些残稿，然而至今未得，不能不说是一种极大的遗憾。

①淋涔（cén）：这里指风雨飘零的样子。

思考与练习

1. 中国古典小说善于运用诗词概括故事，传情言志。《红楼梦》第一回中叙述空空道人从一块大石上得知故事来历之后，用一首偈子加以概括，其中，"无材补天"对应_____，"幻形入世"对应_____，而曹雪芹的绝句则表达了本书的创作意图，请加以解说。

满纸荒唐言，一把辛酸泪！

都云作者痴，谁解其中味？

2. "共读西厢"一节文字，内容非常丰富：既有宝黛二人对《西厢记》激赏，也有二人的调侃逗趣，还涉及到"黛玉葬花""黛玉听曲"等情节。请选择其中一个片段，加入你自己的想象，改写成一则故事。

3. 《秋窗风雨夕》写的是寒冷的雨夜，但字里行间却充满温馨，请与同学交流你读出来的温馨。

4. "黛玉焚稿"一节，虽然是高鹗续写，但依然十分精彩。请摘录其中最能打动你的片段，并加以点评。

第二单元

百花齐放的明代散文

单元导读

　　一朵花，可曾引起你的怜爱？一片云，可曾唤起你的遐想？一段往事，是否勾起你最温暖的回忆？一句话，是否永在你心中珍藏？

　　在经历了历史政治文化的洗礼和沉淀后，明朝的文学家们，走上了一条内省的道路，进入散文自觉阶段，用他们真诚的抒写，创造了一个唐宋之后色彩斑斓的散文世界。

　　明初文坛承宋元之论，坚持文道统一，出现了有"开国文臣之首"之称的宋濂和以短篇寓言著称的刘基。而后是以"三杨"为代表的"台阁体"的盛行。明代中期，以李梦阳、何景明为中心的"前七子"和以李攀龙、王世贞为代表的"后七子"主张"文必秦汉"，倡导复古主义运动，模拟的倾向很严重。介于前后七子之间的，是王慎中、唐顺之、归有光等"唐宋派"，主张继承唐宋古文传统，对复古主义提出了尖锐的批判。至明朝中后期，新的社会思潮反映到了文学领域，出现了大思想家李贽，提出"童心说"，直接影响了湖北以三袁为代表的"公安派"，他们揭起性灵大旗，提出"独抒性灵，不拘格套"的文学主张。与此同时，还有湖北竟陵人锺惺、谭元春为代表的"竟陵派"，他们也主张独抒"性灵"，反对拟古，风格幽深孤峭。在"公安派""竟陵派"的推动下，小品文盛行。这些短小精练，轻灵隽永的小品文，反映了晚明时期文人文学趣味的变化。而其中成就最高的，要推明末的张岱。

　　接下来，我们将读到的是一些袒露心灵，会"突然在我们心里开花放光，令我们默契欣喜"（朱光潜语）的文字，将要触及的是依然鲜活的灵魂。或许，我们也只有袒露了自己，才能真正走进他们的世界。

选文部分

桃花涧修禊诗序

宋　濂

修禊历来是文人推崇的雅集，春兴时节，万物复苏，山水清明，花木秀发，神思焕然，游兴勃勃。当此之时，寻一清幽之所，知己集会，效仿古人，祓除不祥，兼以赏玩景致，饮酒赋诗，流连徘徊，直至日落。快乐既是一种简单的体验，又是一种难得的奢侈。作者在纪游方面，随行绘景，次序井然，描摹众人赋诗，神态各异，颇多趣味。但作者在文末依然显露了明显的儒家正统倾向，认为著名的兰亭修禊失之"清虚"。虽然此文写作时还在元末，但由此可以理解，宋濂入明后大量写作颂圣作品，也许并非只是外界因素所致。

浦江县①东行二十六里，有峰耸然而葱蒨②者，玄麓山③也。山之西，桃花涧水出焉。乃至正丙申④，三月上巳，郑君彦真将修

①浦江县：在今浙江省金华市。　②葱蒨（qiàn）：草树青翠茂盛的样子。　③玄麓山：在今浦江郑宅镇。　④至正丙申：即元至正十六年（1356）。

禊事于涧滨①，且穷泉石之胜。

前一夕，宿诸贤士大夫。厥②明日，既出，相帅向北行，以壶觞③随。约二里所，始得涧流，遂沿涧而入。水蚀道几尽，肩不得比，先后累累如鱼贯④。又三里所，夹岸皆桃花，山寒，花开迟，及是始繁。傍多髯松⑤，入天如青云。忽见鲜葩点湿翠间，焰焰欲然，可玩⑥。又三十步，诡石⑦人立，高可十余尺，面正平，可坐而箫，曰"凤箫台"。下有小泓，泓上石坛广寻丈⑧，可钓。闻大雪下时，四围皆璚树瑶林⑨，益清绝，曰"钓雪矶"。西垂苍壁，俯瞰台矶间，女萝与陵苕樛轕之，赤纷绿骇，曰"翠霞屏"⑩。又六七步，奇石怒⑪出，下临小洼，泉洌甚，宜饮鹤，曰"饮鹤川"。自川导水为蛇行势，前出石坛下，锵锵⑫作环佩鸣。客有善琴者，不乐泉声之独清，鼓琴与之争。琴声与泉声相和，绝可听。又五六步，水左右屈盘⑬，始南逝，曰"五折泉"。又四十步，从山趾⑭斗折入涧底，水汇为潭。潭左列石为坐⑮，如半月，其上危石墙峙，飞泉中泻⑯，遇石角激之，泉怒，跃起一二尺。细沫散潭中，点点成晕，

---

①郑君彦真：即郑铉，"彦真"是他的字，浦江人。修禊（xì）事：古代民俗，在农历三月上旬之巳日（即上文所说"三月上巳"）至水边祭祀，以祛除不祥。在历法从天干地支相配转为数字纪日后，改为农历三月三日。　②厥（jué）：指示代词，其。　③壶觞：酒器。　④这几句话的意思是：涧水上涨将山路侵占，人不能比肩而行，只能前后鱼贯跟随。　⑤髯（rán）松：即松树，因其叶细长如胡须，故称。　⑥这几句话的意思是：忽然看见鲜花点缀于翠绿欲滴的草树之间，明亮得仿佛要燃烧，值得欣赏。然，同"燃"，燃烧。　⑦诡石：形状奇怪的石。　⑧石坛：即石台。寻丈：寻与丈都是长度单位，一寻合八尺，一丈为十尺。　⑨璚（qióng）树瑶林：指被雪覆盖的树林如美玉般洁白晶莹。璚，同"琼"，《说文》："琼，赤玉也。"瑶，《说文》："石之美者。"这里泛指美玉，并取其洁白的特点。　⑩这几句话的意思是：（钓雪矶的）西边，一面苍翠的石壁垂立着，从上可以俯瞰凤箫台和钓雪矶间的景色，松萝和凌霄花纠缠杂生，红花绿叶随风摆动，这里叫做"翠霞屏"。陵苕（tiáo），即凌霄花。樛轕（jiāo gé），纠缠。赤纷绿骇，指红花绿叶随风飘动。　⑪怒：极有气势的样子。　⑫锵锵：拟声词，玉佩碰撞发出的声音。　⑬屈盘：曲折环绕。　⑭山趾：即山脚。　⑮坐：通"座"，座位。　⑯这两句话的意思是：其上高大的山石像墙面一样耸立着，山泉从中飞泻而下。峙（zhì），耸立。

真若飞雨之骤至。仰见青天镜净，始悟为泉，曰"飞雨洞"。洞旁皆山，峭石冠其颠，辽夐①幽邃，宜仙人居，曰"蕊珠岩"。遥望见之，病登陟之劳②，无往者。

还至石坛上，各敷鞇席③，夹水而坐。呼童拾断樵，取壶中酒温之，实髹觞④中。觞有舟⑤，随波浮沉，雁行下。稍前，有中断者，有属联者，方次第取饮⑥。时轻飙⑦东来，辄盘旋不进，甚至逆流而上，若相献酬⑧状。酒三行，年最高者命列觚翰⑨，人皆赋诗二首，即有不成，罚酒三巨觥⑩。众欣然如约，或闭目潜思；或拄颊⑪上视霄汉；或与连席者耳语不休；或运笔如风雨，且书且歌；或按纸伏厓石下，欲写复止；或句有未当，搔首蹙额向人；或口吻作秋虫吟；或群聚兰坡⑫，夺觚争先；或持卷授邻坐者观，曲肱看云而卧——皆——可画。已而诗尽成，杯行无算⑬。迨罢归，日已在青松下。

又明日，郑君以兹游良欢，集所赋诗而属濂以序。濂按，《韩诗内传⑭》："三月上巳，桃花水下之时，郑之旧俗，于溱、洧⑮两

①夐（xiòng）：悠远。　②这句话的意思是：担心攀登的劳苦。登陟（zhì），同义复词，攀登。《说文》："陟，登也。"　③鞇（yīn）席：同义复词，即坐垫席。鞇，《说文》："茵，车重席。鞇，司马相如说：茵从革。"本义为车上所用的两层坐垫，这里泛指坐垫。　④髹（xiū）觞：一种涂漆的木制酒杯。髹，《说文》："漆也。"　⑤舟：这里指为防止酒杯在水中打翻而设的托盘，每一杯下都有一个。　⑥这几句话的意思是：（酒杯）漂动不远，有的停留下来，有的前后相连，（大家）这才按次序取杯饮酒。属（zhǔ）联，同义复词，连缀，相连。　⑦轻飙（biāo）：轻风。飙，《说文》："扶摇风也。"这里泛指风。　⑧献酬：敬酒，典出《诗经·小雅·楚茨》："献酬交错，礼仪卒度，笑语卒获。"　⑨觚（gū）翰：纸笔。觚，陆机《文赋》："或操觚以率尔。"《文选》注："觚，木之方者，古人用之以书，犹今之简也。"翰，《说文》："天鸡也。"笔以动物毛制成，故可引申指笔。　⑩觥（gōng）：本指犀牛角制成的酒器，后来可指雅集时用以罚酒的器皿。　⑪拄颊：以手托腮，沉思的样子。　⑫兰坡：指长有兰草的山坡。宋代诗人郭印有《兰坡》诗。　⑬杯行无算：按次行酒，难以计数。　⑭《韩诗内传》：《诗经》在西汉初曾有鲁、韩、齐三家，属于今文经学，彼此文字略有差异，部分注释也不同，韩《诗》的注释即集结为《韩诗内传》。但随着毛亨、毛苌所传的古文《诗经》流行，三家《诗》逐渐衰微，陆续散逸，只在一些早期文献中有征引，尚能窥见其貌。作者此处引用的内容是《韩诗》对《郑风·溱洧》的注释，见于《汉书》注释和《太平御览》卷八百八十六，字句稍有出入。后人搜求古书，对三家《诗经》的内容进行过辑佚和考证工作，清代王先谦的《诗三家义集疏》是其集大成者。　⑮溱、洧（zhēn wěi）：郑国境内的两条河流。

新编中华文化基础教材·第十八册

水之上招魂续魄，执兰草以祓除^①不祥。"今去之二千载，虽时异地殊，而桃花流水则今犹昔也。其远裔^②能合贤士大夫以修禊事，岂或遗风尚有未泯者哉？虽然，无以是为也^③。为吾党者，当追浴沂之风徽，法舞雩之咏叹，庶几情与境适，乐与道俱，而无愧于孔氏之徒，然后无负于七尺之躯矣。可不勖哉^④！濂既为序其游历之胜，而复申以规箴^⑤如此。他若晋人兰亭之集，多尚清虚^⑥，亦无取焉。

记雪月之观

沈　周^⑦

作为著名的画家，作者对于自然景物有一种特殊的敏感。而正月大雪，经久不消。恰逢上元，月光明澈。所居临水，则雪、月、水皆澄澈通透，宛若一体。月光如水，水映明月，雪复返照，恍如白昼，加之树影萧疏，夜气清冷，更增其趣。使作者顿生"神与物融，人观两奇"的惊叹。作者书画、文章皆擅，而对此景，却感慨非丹青言辞所能表达，则其妙已入于神，而冥合于一瞬，真可谓"妙处难与君说"。

---

①祓（fú）除：驱除。祓，《说文》："除恶祭也。"是一种驱邪的巫术仪式，历史悠久。上古还有使男女自由交往的习俗，《郑风·溱洧》描绘的就是这一场景。　　②远裔：即后裔，这里指《诗经》中所描绘的郑国百姓。　　③这句话的意思是：即使如此，（我们）不应只为招魂消灾才进行修禊。　　④这几句话的意思是：我们作为士大夫，应当追慕孔子、曾皙在沂（yí）水边祭祀求雨的风范，效法他们在舞雩（yú）坛上讽咏诗篇，这样大概能做到内心与外境相合，快乐与天道共存。典出《论语·先进》："（曾皙）曰：'莫春者，春服既成，冠者五六人，童子六七人，浴乎沂，风乎舞雩，咏而归。'夫子喟然叹曰：'吾与点也。'"此章历来有诸多解读，朱熹认为："其（按指曾皙）胸次悠然，直与天地万物上下同流，各得其所之妙，隐然自见于言外。"作者即是在个人快乐与天道和谐相融的意义上用此典故。
⑤规箴（zhēn）：规劝告诫。　　⑥清虚：指东晋时期普遍流行的道家清静虚无的思潮。　　⑦沈周：字启南，号石田，明代苏州府长洲县人。他一生未参与科考，专攻绘画和诗文，开创"吴门画派"，与文徵明、唐寅、仇（qiú）英并称"吴四家"。

丁未①之岁，冬暖无雪。戊申正月之三日始作，五日始霁。风寒冱而不消，至十日犹故在也②。是夜月出，月与雪争烂③，坐纸窗下，觉明彻异常。遂添衣起，登溪西小楼。楼临水，下皆虚澄④，又四囿⑤于雪，若涂银，若泼汞，腾光⑥照人，骨肉相莹。月映清波间，树影晃弄，又若镜中见疏发，离离然⑦可爱。寒浃⑧肌肤，清入肺腑。因凭栏楯⑨上，仰而茫然，俯而恍然，呀⑩而莫禁，眄而莫收⑪，神与物融，人观两奇。盖天将致我于太素之乡，殆不可以笔画追状，文字敷说，以传信于不能从者，顾所得不亦多矣⑫！尚思若时天下名山川宜大乎此也，其雪与月当有神矣⑬。我思挟之以飞遨八表，而返其怀⑭。汗漫虽未易平，然老气衰飒，有不胜其冷者⑮。乃浩歌下楼，夜已过二鼓矣。仍归窗间，兀坐⑯若失。念平生此景亦不屡遇，而健忘日寻⑰，改数日，则又荒荒⑱不知其所云，因笔之。

---

①丁未：即明宪宗成化二十三年（1487）。下文的戊申即次年，明孝宗弘治元年。　②这两句话的意思是：(因为)风严寒，(积雪)不能消融，雪停后十天还在。寒冱（hù），同义复词，即寒冷。冱，《玉篇》："寒也。"　③烂：明亮。《诗经·郑风·女曰鸡鸣》："子兴视夜，明星有烂。"《广韵》："烂，明也。"　④虚澄：清澈如无物。澄，《说文》："清也。"　⑤囿（yòu）：《说文》："苑有垣也。"本义指有围墙的园林，引申为幽深之处、划分地域。这里是名词活用作动词，包围，环绕。　⑥腾光：闪射着光芒。典出《楚辞·招魂》："蛾眉曼睩（lù），目腾光些（suò）。"　⑦离离然：隐约的样子。　⑧浃（jiā）：本义为沾湿，引申为浸透，透过。这里指寒气透入肌肤。　⑨栏楯（shǔn）：即栏杆。楯，王逸《楚辞注》曰："纵曰槛，横曰楯。"这里是泛指栏杆。　⑩呀（yā）：惊讶。《说文》："张口貌。"即表示人惊讶时张大嘴巴的样子。　⑪这句话的意思是：欣赏雪景，极为入神，难以收回目光。眄（miǎn），《说文》："斜视也。"段玉裁注："《方言》：'自关而西秦晋之间曰眄。'"本义是斜着眼看，后可泛指看、望。　⑫这几句话的意思是：上天使我有缘身处如天地起初般洁净之所，此景大概很难用笔墨来追想描摹、用语言来描述，以至于传递给那些未获目睹者，如此看来我的收获不也很大的吗！敷说，陈述。　⑬这两句话的意思是：我还想象，此时名山大川处的雪月之景应该比我所见更为壮观，那里的雪和月一定更为神妙了。　⑭这两句话的意思是：我的思绪随之驰骋八方，很久才回过神来。　⑮这几句话的意思是：漫无边际的想象虽然很难平复，但是年老气衰，感到不能抵御这寒冷了。衰飒，衰败。　⑯兀（wù）坐：端坐。　⑰寻：连续，经常。这里指常常忘事。　⑱荒荒：渺茫无知的样子。

新编中华文化基础教材·第十八册

题孔子像于芝佛院①

李 贽②

李贽并不绝然反对孔子学说，他不满的是世人不加思考、不加批判、不加反思地承袭前人之言论。世人大义凛然地秉持意识形态的正确，在作者看来不过是人云亦云的虚伪。文章笼罩在一种充满反讽的气氛中，他一方面嘲讽历朝历代耳食于人，另一方面又将自己也置于这个传统逻辑之中，从而消解了自己在佛寺里张挂孔子像的荒诞性，却又将社会禁锢思想的荒诞性揭露无疑。

人皆以孔子为大圣，吾亦以为大圣；皆以老、佛为异端，吾亦以为异端。

人人非真知大圣与异端也，以所闻于父师之教者熟也；父师非真知大圣与异端也，以所闻于儒先之教者熟也；儒先亦非真知大圣与异端也，以孔子有是言也。其曰"圣则吾不能③"，是居谦④也；其曰

①芝佛院：寺院名，在今河北省麻城市阎家河镇龙潭湖边，作者削发为僧后，曾在这里著书讲学。
②李贽：本姓林，名载贽。后改姓李，又为避穆宗讳，改单名。号卓吾，又有宏甫、百泉居士、龙湖叟、秃翁等别号。福建省泉州府晋江县（今泉州市）人，明代思想家、文学家、小说戏曲评论家。他一生命运多舛，嘉靖三十一年（1552）二十六岁时中举，但两次会试失败使他不愿意再考。其后出任学官，清贫难处，以至于子女饿死。他后来也担任过知府。在接触王阳明心学后，与泰州学派接近，又开始学习禅宗思想，思想进一步与当时的正统意识形态抵触。万历八年（1580）辞官。此后在湖北黄安、麻城一带居住，求学著述，期间落发为僧，但蓄须而不受戒。其反传统的思想激起了许多正统派的反对和挤压，最终在七十岁时离开湖北，在山西、北京、南京、山东等处流寓。后回到麻城龙湖，又因招收女弟子而遭到激烈批评和打压，随后在北京通州居住。在七十六岁时被弹劾入狱，在狱中自杀。　③这句话的意思是：我还达不到圣人的境界。语出《论语·述而》："子曰：'若圣与仁，则吾岂敢？抑为之不厌，诲人不倦，则可谓云尔已矣。'"《孟子·公孙丑上》引作："孔子曰：'圣则吾不能，我学不厌而教不倦也。'"　④居谦：表示谦虚。

"攻乎异端^①"，是必为老与佛也。

儒先臆度^②而言之，父师沿袭而诵之，小子矇聋^③而听之。万口一词，不可破也；千年一律，不自知也。不曰"徒诵其言"，而曰"已知其人"；不曰"强不知以为知"，而曰"知之为知之^④"。至今日，虽有目，无所用矣。

余何人也，敢谓有目？亦从众耳。既从众而圣之，亦从众而事之，是故吾从众事孔子于芝佛之院。

与王百谷^⑤

江盈科^⑥

> 官场的奔波辛苦，使作者身心俱疲，而一旦回到江南，清丽的风景，丰盛的土产，醇香的美酒，闲适的生活，知心的朋友，都足以让作者流连忘返，大有追随陶渊明归隐之志。信末的那一只鹤，恐怕是作者的自我象征，显得余韵悠长。

乃者泛一苇入江阴^⑦，往来遇长风，破巨浪，行舟疾如鸟，仙乎快哉！涓人^⑧沿途买鲜，作供厨头。江鱼如雪，江笋如椽，以佐惠山名酿。饮可八斗，而醉二三。仆作吏凡七月，若倦马困顿辕

---

①攻乎异端：批判那些不正确的学说。语出《论语·为政》："子曰：'攻乎异端，斯害也已。'"
②臆度（duó）：主观推测。　③矇（méng）聋：眼睛看不见耳朵听不清，此处是偏义复词，偏在"聋"上，意思是后生不加思考地听从前人的说法。矇，《说文》："童矇也；一曰不明也。"段玉裁注："毛公、刘熙、韦昭皆云：有眸子而无见曰矇。"　④知之为知之：语出《论语·为政》："子曰：'由！诲女知之乎！知之为知之，不知为不知，是知也。'"　⑤王百谷：即王稚登，"百谷"是他的字，江阴人，后移居苏州。　⑥江盈科：字进之，号绿萝山人。湖南桃源人，晚明公安派重要成员，著有《雪涛阁集》《雪涛诗评》《雪涛谐史》等。　⑦江阴：在今江苏省无锡市。　⑧涓人：这里指仆人。

下，所见饲，刍亦不知，菽亦不知^①。乃今舟中闲适颇数日，而江南滋味稍知受享。然则人生闲忙之趣，谁甘谁苦，了了^②可辨。所惜舟行时，不得要^③王先生与俱，拍浮^④其中，款语移日^⑤，亦足千古，则缺典^⑥也。近日文生为仆图漾萝馆一幅，僭^⑦求王先生题额。异日五斗主人^⑧归柴桑，悬之桃花洞中，顿使青萝、白马^⑨，益然生色。即避秦者之子孙，世世珍之，徼惠^⑩无量。顷过南有轩，其傍一鹤，戛然长鸣，《毛诗》所称在林^⑪者乎？捐俸一金，愿王先生买罂粟饲之，为祝鹤曰：此廉吏粟，不见吐弃^⑫。

游龙井记

袁宏道^⑬

> 龙井不但风景幽美，山石水寺兼备，加之名茶，更使游览平添趣味。作者品味当时各类名茶，虽然有一己偏好，但却颇能反映当时士大夫阶层的普遍看法，即重视茶的淡雅幽韵，而不喜欢浓烈的香气。这种审美风尚又不仅仅存在于品茶，从而形成一种独特的士人文化。

---

①这几句话的意思是：我做官总共七个月，好像卸车后疲惫的马，别人喂食的东西，也不觉得是干草，也不觉得是豆。　　②了了（liǎo liǎo）：非常清楚的样子。　　③要（yāo）：邀请。　　④拍浮：这里是饮酒为乐的意思，典出《世说新语·任诞》："毕茂世云：'一手持蟹螯，一手持酒杯，拍浮酒池中，便足了一生。'"　　⑤移日：指较长的时间。　　⑥缺典：遗憾之事。　　⑦僭（jiàn）：超越本分，这里是自谦之辞。　　⑧五斗主人：即陶渊明，这里是作者自比。　　⑨青萝、白马：这里泛指隐居生活。青萝，即松萝，一种附生植物，代指隐逸处。白马，喻指闲适生活。　　⑩徼（jiǎo）惠：请求赐给，客套用语。　　⑪在林：《诗经·小雅·白华》："有鹙（qiū）在梁，有鹤在林。"《毛传》认为这是周人批评幽王宠幸褒姒之作，《郑笺》称："鹙之性贪恶，而今在梁；鹤洁白，而反在林。兴王养褒姒而馁申后，近恶而远善。"因此，作者这里也许有将自己所受官场困苦投射于鹤身之意。　　⑫这两句话的意思是：这是一位正直官员喂的粮食，请你不要嫌弃不吃。　　⑬袁宏道：字中郎，又字无学，号石公，又号六休。湖北公安（今湖北省公安县）人，明代公安派代表作家。

龙井泉①既甘澄，石复秀润②。流淙从石涧中出，泠泠③可爱。入僧房，爽垲④可栖。余尝与石篑、道元、子公汲泉烹茶于此⑤。石篑因问龙井茶与天池⑥孰佳？余谓龙井亦佳，但茶少则水气不尽，茶多则涩味尽出，天池殊不尔。大约龙井头茶虽香，尚作草气，天池作豆气，虎丘作花气，唯岕⑦非花非木，稍类金石气，又若无气，所以可贵。岕茶叶粗大，真者每斤至二千余钱。余觅之数年，仅得数两许。近日徽人有送松萝茶⑧者，味在龙井之上，天池之下。龙井之岭为风篁⑨，峰为狮子，石为一片云、神运石，皆可观。秦少游旧有《龙井记》⑩，文字亦爽健，未免酸腐。

①龙井泉：在今杭州市龙井村狮峰下。　　②秀润：清秀润泽。　　③泠泠（líng líng）：形容流泉声清脆。④爽垲（kǎi）：地势高而干燥。《说文》："垲，高燥也。"　　⑤石篑（kuì）：即陶望龄，字周望，"石篑"是他的号，会稽人，万历十七年（1589）进士。道元：即黄国信，"道元"是他的字，永嘉人，作者的朋友。子公：即方文僎（zhuàn），"子公"是他的字，徽州人，作者的朋友。　　⑥天池：指明代苏州木渎天池山出产的一种茶，与下文提到的虎丘茶都是当时苏州所产的名茶，但至清代都衰微失传。　　⑦岕（jiè）：指岕茶，又叫罗岕茶，产地在今太湖以西的江苏省无锡宜兴市与浙江省湖州市长兴县一带。这种茶在明代中期以后负有盛名，采摘时间较一般茶延后至立夏前后，故作者描述其"叶粗大"，又采用与当时绝大多数名茶不同的蒸青制法，以瓷器避湿储存可以保持品质。茶汤淡白，香气清新，味道清淡，因而受到士大夫阶层的追捧。但这种茶出产极少，据记载上品年产仅五十斤左右，故作者说多年搜求只得几两，且价格昂贵。这种茶由于制作成本和消费群体需求变化等因素在清初衰落并失传，今已有机构声称重新研制成功。　　⑧松萝茶：一种出产于今安徽省黄山市休宁县的茶叶，在谷雨前后采摘，采用炒青制法，据说其工艺得于苏州虎丘茶，在明代与虎丘、龙井茶都以香气浓郁著称，至今依然有此茶。　　⑨风篁：即风篁岭，今龙井村位于其西麓。　　⑩《龙井记》：指北宋秦观所作《游龙井记》，主要记叙龙井泉的神异和辩才法师的事迹，当时龙井茶尚无名声，故文中未及于此。

跋袁中郎书

锺　惺[①]

> 　　作者谈到了一个很有意思的问题，袁宏道的书法技艺并不高超，但所写书法在身后十几年，便让人感受到一种强烈的古风。较之技艺之工，作者似乎更看重书者自身拥有的文化品味和个人魅力。从中也不难窥见，公安派与竟陵派在强调自我意识这一点上的共识。

　　诗文取法古人，凡古人诗文流传于抄写刻印者[②]，皆古人精神所寄也。至于书[③]欲法古，则非墨迹旧拓[④]，古人精神不在焉。今墨迹旧拓，存者有几？因思高趣人往往以意作书，不复法古，以无古可法耳[⑤]。无古可法，故不若直写高趣人之意，犹愈于法古之伪者。余请以袁中郎之书实[⑥]之。夫世间技艺不一，从器具出者有巧拙，从笔墨出者有雅俗[⑦]。巧拙可强，雅俗不可强也。中郎没[⑧]才十余年，其书又不工，今展卷深思，若千百年古物乍见于世，是何故？请与书家参[⑨]之。

---

①锺惺：字伯敬，号退谷，湖广竟陵（今湖北天门）人，明代文学家。于诗文反对摹古，欲以幽深孤峭矫公安派之轻率，自成一派，史称竟陵派。　　②抄写：指手抄本。刻印：指刻板印刷的书籍。③书：书法。　　④旧拓（tà）：指年代较早的拓本。古代复制技术有限，故将纸本真迹翻刻在石碑之上，涂墨汁后，覆以纸张，便能印出字迹。但拓本受到刻写技工水平、石碑磨损失真等许多条件的制约。石碑被反复拓印后，失真度越来越高，因此越早的拓本越接近原貌。　　⑤这几句话的意思是：于是想到那些志趣品味较高之人，往往凭借自己的意趣创作书法，不再取法古人，因为实际上（由于真迹旧拓的缺失）没有古人可资效法。　　⑥实：证明。　　⑦这几句话的意思是：世上的艺术门类众多，从器具技巧的角度看有巧与拙之分，从创作者的角度看则又有雅和俗之分。　　⑧没（mò）：通"殁"，去世。　　⑨参：探讨。

题画二则

李流芳①

这两则本来题于画卷上的文字反映了文人画中写意重于形似的传统。作者所着力追求的，并非客观对象的再现，而是强调自己的主观意志对客观对象的把握、重塑乃至呈现。这种呈现是带有极强个性特征的，因而也是独一无二的。因此，当作者所绘的雪景被人误读为云山图时，他非但不以为忤，反倒因此自得，就是因为他彼时的主观意志既被欣赏者成功把握，恰能证明他的成功。

其一 题《林峦积雪图》

癸亥逼除②，连日大雪，闭门独饮，小酌辄弄笔墨。偶得旧楚纸③，喜其涩滑得中，为破墨④作《林峦积雪图》。古人画雪，以淡墨作树石，凡水天空处，则用粉⑤填之，以此为奇⑥。予意此与墨填者，皆求其形似者耳。下笔飒然⑦，有飘瞥掩映于纸上者⑧，乃真雪也。愿与知者参之。廿八日薄暝⑨，映雪题于剑蜕斋中。

其二 题《云山图》

甲子嘉平月九日⑩，大雪，泊舟阊门⑪，作此图。忆往岁在西湖遇雪，雪后两山⑫出云，上下一白，不辨其为云为雪也。余画时，目

---

①李流芳：字茂宰，一字长蘅，嘉定人。万历三十四年（1606）丙午中举，天启二年（1622）本准备入京参加会试，但听说宦官势力依然肆虐，弃考而归，从此绝意仕途。他的书法、绘画及诗文均有所成就。　②癸亥：指天启三年（1623）。逼除：临近除夕。　③楚纸：即"楮纸"，一种以楮树皮为主要原料制成的纸张，历史悠久，唐代一度颇为流行。这种纸张较牢固，可用以二次加工其他纸张，但不够精细，所以作者称经过旧藏的楮纸之粗糙程度适中。　④破墨：本是一种绘画技法，这里是水墨的意思。　⑤粉：指白色颜料。　⑥奇：好。　⑦飒然：迅捷的样子。　⑧飘瞥：快速飘过。掩映：隐现。　⑨薄暝（míng）：黄昏。　⑩甲子：即天启四年（1624）。嘉平月：农历十二月的别称。　⑪阊（chāng）门：苏州古城的西门。　⑫两山：指西湖边的南山与北山。

新编中华文化基础教材·第十八册

中有雪而意中有云。观者指为云山图，不知乃画雪山耳。放笔一笑。

湖心亭看雪

张　岱

> 冰雪足以阻挡绝大多数世俗的脚步，而天地之间，唯有清净。这时会到西湖赏玩者，方可以称得上是真爱之人，也正是舟子说的"痴"人。能够痴迷于一些事，是一个人的幸福。可以想见，当作者和那两位金陵来的客子彼此相视的那一刻，该有多少惊喜和温暖升起于心头。

崇祯五年①十二月，余住西湖。大雪三日，湖中人鸟声俱绝。

是日，更定②矣，余拏③一小舟，拥毳衣④炉火，独往湖心亭看雪。雾凇沆砀，天与云、与山、与水，上下一白⑤。湖上影子，惟长堤一痕，湖心亭一点，与余舟一芥、舟中人两三粒而已。

到亭上，有两人铺毡对坐，一童子烧酒，炉正沸。见余大惊喜曰："湖中焉得更有此人！"拉余同饮。余强饮三大白⑥而别。问其姓氏，是金陵人，客此⑦。

及下船，舟子喃喃曰："莫说相公⑧痴，更有痴似相公者。"

---

①崇祯五年：公元1632年。　②更（gēng）定：指初更以后，相当于现代计时的晚上八点左右。　③拏（ná）：《说文》："持也"，这里是驾（船）的意思。　④毳（cuì）衣：毛皮制的外衣。　⑤这几句话的意思是：雾气遇冷，凝为冰晶，浩荡弥漫，天、云、山、水，上下俱为白色。雾凇，雾气遇冷再次凝结者。沆砀（hàng dàng），白雾弥漫的样子。　⑥大白：大酒杯。　⑦客此：客居在这里。　⑧相（xiàng）公：这里是对士子的敬称。

文史知识

张 岱[1]

　　张岱是明末著名史学家、文学家，字宗子，后因别人称他为"石公"，便改为石公。他出生于绍兴城一个衣冠世族，据称他的家族来自蜀地绵竹，因此他也常以蜀人自称。他的曾祖张元忭（biàn）曾经救助过癫狂杀妻后入狱的徐渭；祖父张汝霖是对他影响甚深的长辈，他教导张岱读儒家经典，只读正文，不看注释。他后来回忆，往往读几十遍正文后就能忽然明白，有些不理解的则会在之后的读书生活中有所领悟。这样的读书法使张岱保持独立思考，未被传统注释束缚，却也使他在科举考试中屡遭挫折，不遵朱注，加之过于随性，在考卷上往往不按规则顶格书写某些敬称，使他进学后多次乡试失利，最终放弃科考。而这种挫败在他父亲张耀芳那里就已然出现过了。张耀芳久困乡试，难以中举，最终只能选择以举人副榜的身份出任鲁肃王朱寿镛的右长史，这也为日后张岱在国破后在故乡参与鲁肃王次子朱以海为监国的南明政权埋下了伏笔。

　　幼年的张岱极为聪颖，八岁时，祖父带他前去杭州，遇到大名士陈继儒正骑鹿而行，陈继儒有意考察张岱的机敏，指着屏风上的李白骑鲸图出了上联："太白骑鲸，采石江边捞夜月。"张岱马上回答："眉公跨鹿，钱唐县里打秋风。"引得陈继儒大喜，称他为"吾小友"。由于家境殷实，年轻的张岱是一位纨绔子弟，他在晚年所写的《自为墓志铭》中称，自己曾经对服饰、骏马、华灯、烟火、戏曲、古董等都有兴趣，又酷爱诗书，喜欢品茶，颇嗜蜜橘。可见，丰富的物质享受，使他的文化品味逐渐提

[1] 参看胡翼明：《张岱评传》，南京大学出版社，2002年。

升，也使他对生活的感触更为灵敏。这些阅历，为他日后写下大量为今人所喜的小品文奠定基础。

但张岱不仅仅对名物享受有所追求，他的志向更多地在史学方面。约在崇祯元年（1628），他开始了编著明代国史《石匮书》①的工作。他立志修国史，也许是感受到了明朝风雨飘摇的气息，也许是担心鼎革后的胜利者必会按照他们的意图去书写历史，更希望为明代保存一部接近真实的史书。他在《石匮书序》中说："有明一代，国史失诬，家史失谀，野史失臆，故以二百八十二年总成一诬妄之世界。"他是以极大的责任感开始这一工作的，十七年后，明朝灭亡。他怀着绝望的心情在嵊县一带避居，继续修史。他甚至坦言，若非此书未成，他将殉国，颇有以太史公自况的意味。他有时也想起那些殉难的旧友，为自己坚持修史而感到欣慰，在《和贫士七首》其四中写道："行吟在泽畔，吾将见吾俦。幸不惭死友，此心何所求？"1647年夏，局势稍有缓和，他回到绍兴城南的项里居住，期间，他为自己在鸡头山找好了墓穴，他的友人李长祥为他题写了"呜呼，有明著述鸿儒陶庵张长公之圹"的墓碑，以示终身为明人的决心。1649年夏天，他又租住在绍兴城郊卧龙山下的快园内，昔日张氏家族在城中有园林别业多处，如今都已易主，自己只能栖居他所，其境地是令人唏嘘的。昔日锦衣玉食的张岱甚至不得不务农为生，生活的窘迫彻底改变了他的处境。在《见日铸佳茶②，不能买，嗅之而已》中他写道："余经丧乱余，断炊已四祀。庚寅三月间，不图复见此。……转展更踌躇，攘臂走阶址。意殊不能割，嗅之而已矣。"想到他在《茶史序》中记录他曾与南京著名茶人闵文水眉飞色舞地论茶品泉之事，就更让人感叹不已。1654年，《石匮书》终于完成。三年后，他回到阔别已久的杭州，应谷应泰的邀请，参与修撰《明史纪事本末》，同时开始《石匮书后集》的编写。他后来说，早已面目全非的西湖，令他触目惊心，避之不及，唯恐破坏了自己对西湖的美好回忆。明清易代，家族败落，流离失所，生活拮据，使张岱的晚年生活与其早期形成剧烈反差，他自己也屡次感慨"罹此果报"。但他晚年行事谨慎，不愿与清政府发生丝毫瓜葛，维持了遗民的气节，也充分显示了他的顽强。他的卒年尚有争论，可能在1680年去世，也可能活到了1689年，无论如何也算是长寿了。

---

①《石匮书》：张岱所修明代自洪武至天启的国史，修完后长期秘藏，不为人知。今上海图书馆、南京图书馆、浙江图书馆有收藏。其后又续写了崇祯朝及南明史，为《后集》，今上海图书馆、南京图书馆有收藏。　②日铸佳茶：指上好的日铸茶，这是张岱曾根据松萝茶工艺改良的绍兴本地茶。

思考与练习

1. 将宋濂的《桃花涧修禊诗序》与王羲之的《兰亭序》作比较，尝试指出二者的异同及其原因。

2. 沈周是著名画家，他的《记雪月之观》即是文中有画，根据文章的描摹，体会作者的心境，想象当时的氛围，绘制一幅"雪月图"，并配以题画诗，把你的作品与同学交流。

3. 阅读《史记·孔子世家》后的赞语，然后回答问题：

孔子世家赞

太史公曰：《诗》有之："高山仰止，景行行止。"虽不能至，然心乡往之。余读孔氏书，想见其为人。适鲁，观仲尼庙堂车服礼器，诸生以时习礼其家，余祗回留之不能去云。天下君王至于贤人众矣，当时则荣，没则已焉。孔子布衣，传十余世，学者宗之。自天子王侯，中国言六艺者折中于夫子，可谓至圣矣！

（1）尝试指出《孔子世家赞》与李贽的《题孔子像于芝佛院》的观点有何不同。

（2）李贽的《题孔子像于芝佛院》在当时被看作是"毁圣叛道"，你是否同意这种看法？

（3）"从众"是治学的大忌，不"从众"才能获得真知灼见。然而，人们的思维方式、行为方式又常常习惯于"从众"，很难改变。结合你的生活、学习实际，谈一谈你对"从众"的看法。

4. 我们熟知的茶文化，主要起始于明代，查阅相关资料，寻找明代的名茶，了解它们的采摘、制作工艺和品质特点，把它们和现在的名茶作一比较，指出其变迁过程。

5. 阅读《陶庵梦忆》和《西湖梦寻》，体会张岱写作时的心境，并欣赏其散文的语言特点，品味他对生活的态度，与同学交流你的看法。

第三单元

影响深远的散文
——桐城派

单元导读

　　桐城派是清代文坛最重要的文学流派，影响长达两百多年，理论精妙，作家众多，作品丰厚，代表人物为方苞、刘大櫆、姚鼐等。

　　桐城派之所以受到清代文人的普遍推崇，原因在于它在文学和学术两方面都契合了时代的需求和精神，因此也对社会有重要的引导作用。从文学的角度而言，桐城派提倡学习韩愈、欧阳修的古文，并且在文学理论上有诸多主张，造诣极高，这对于当时的文人有极大的吸引力。另一方面，桐城派推崇程朱理学并以之作为文章内涵，而清政府以程朱理学为官方哲学，桐城派因此影响广泛。不过，对于桐城派而言，他们以程朱理学为其学术与思想追求，而非为政治服务。总而言之，桐城派主张以古文阐发程朱理学，提倡"学行继程朱之后，文章在韩欧之间"。桐城派将道统与文统结合起来，将中国的文化传统推向又一高峰。

　　桐城派论文提倡形式与内容的统一，即"义法"说。"义"即内容符合儒家传统，"法"即要讲究条理和技巧。

　　桐城派通过文学理论来影响创作实践。姚鼐在方苞、刘大櫆的基础上提出文章要将"义理""考证""辞章"三者相结合。这一主张可以看作是对文章基本的要求。"义理"要求文章有思想性，符合理学传统；"考据"要求文章有理有据，更加扎实厚重；"辞章"要求文章有更强的艺术性。这种说法在今天同样有重要意义。姚鼐的《登泰山记》是考据和辞章融合的典范。另外，姚鼐提出用"阳刚""阴柔"区分文章的风格，这两种风格的结合协调能够形成风格多样的文章。

　　戴名世、方苞、刘大櫆和姚鼐被誉为"桐城派四祖"，其中集大成者为姚鼐，后来曾国藩正式确立"桐城派"的旗号。

新编中华文化基础教材·第十八册

选文部分

狱中杂记①（节选）

方　苞②

读到此文，孰能不惊骇、悲愤、沉思！刑部的监狱居于京师，尚且贿赂横行，乃至于狱卒理所当然地认为，这样草菅人命的行为恰有助于警戒世人勿触犯刑律。在这样的地方，作者一再申说的儒家仁道显得如此苍白无力。这完全是传统政治"外儒内法"的鲜活显现。我们或许很难以现代法律精神去评判这一切，但我们可以断言，每一个尚存人性的人，无论时代，无论文化，无论地位，都会起恻隐之心的。

凡死刑狱上③，行刑者先俟于门外，使其党④人索财物，名曰"斯罗"。富者就其戚属，贫者面语之⑤。其极刑⑥，曰："顺我，即

①作者于康熙五十年（1711）十一月因卷入桐城派散文奠基者戴名世《南山集》案被捕入狱，至五十二年二月才出狱。他本人虽然未受到严重伤害，但却亲眼目睹了当时刑部监狱中的种种惨状与黑暗。　②方苞：字灵皋，亦字凤九，晚号望溪，江南桐城（今安徽桐城）人，清代散文家，著有《方望溪先生全集》。　③这句话的意思是：凡是判处死刑的案件上报（获准后）。　④党：同党，同行之人。　⑤这两句话的意思是：对富裕的犯人就告知他的亲属，对那些穷犯人则当面告知。　⑥极刑：这里指死刑中最残酷的凌迟，因该刑罚要逐渐切割肢体，使犯人承受巨大痛苦，因此行刑者索贿时声称如果给钱，就早些刺中心脏使其少受痛苦。

先刺心；否则，四肢解尽，心犹不死。"其绞缢①，曰："顺我，始缢即气绝；否则，三缢加别械，然后得死。"唯大辟无可要②，然犹质其首③。用此④，富者赂数十百金，贫亦罄⑤衣装，绝无有者，则治之如所言。主缚者⑥亦然，不如所欲，缚时即先折筋骨。每岁大决⑦，勾者十四三，留者十六七，皆缚至西市⑧待命。其伤于缚者，即幸留，病数月乃瘳，或竟成痼疾⑨。余尝就老胥⑩而问焉："彼于刑者、缚者，非相仇也，期有得耳；果无有，终亦稍宽之，非仁术乎？"曰："是立法以警其余，且惩后也。不如此，则人有幸心⑪。"主梏扑者⑫亦然。余同逮以木讯者三人：一人予三十金，骨微伤，病间月；一人倍之，伤肤，兼旬愈；一人六倍，即夕行步如平常⑬。或叩之曰："罪人有无不均，既各有得，何必更以多寡为差⑭？"曰："无差，谁为多与者？"孟子曰："术不可不慎⑮。"信夫！

---

①绞缢（yì）：这里指死刑中的绞刑。　②大辟：这里指死刑中的斩刑。要：要挟。　③质其首：用人头作抵押来勒索死者家属。　④用此：因此。　⑤罄（qìng）：用尽。　⑥主缚者：主管捆绑犯人者。　⑦大决：即"秋决"，清代的死刑，立即执行的叫"立决"，延至秋天再执行的叫"秋决"。传统认为秋气主杀，因此此时处决犯人顺应天时。届时，各省将犯人按照审查清楚、建议缓期、值得怜悯和案情可疑四类上报刑部，刑部再会同大理寺等集中审核，最终呈报皇帝裁决。名单中打勾者，就予以处决，后文提到的"勾者"即指此。秋决积压人数多，故又叫大决。　⑧西市：即北京宣武门外菜市口刑场。　⑨这几句话的意思是：那些被绑缚者弄伤的犯人，即使在大决中侥幸未被处死，伤也要好几个月才能痊愈，有人最终落下终身残疾。瘳（chōu），病愈。痼（gù）疾，积久难以治愈的病。　⑩老胥：这里指久在狱中办事的官吏。　⑪这几句话的意思是：这是因为立法的目的是为了使其余人警醒，而且可以惩戒后人。不这样（严酷）的话，那么人人都会有侥幸心理。　⑫主梏扑者：主管责打犯人并上刑具的人。　⑬这几句话的意思是：和我一同关押的三人都受木刑具的拷打审讯，一人给了狱卒三十两银子，骨头受了轻伤，一个多月才好；一人给了六十两银子，皮肉受了伤，二十天左右就好了；一人给了一百八十两银子，受刑当天晚上就能正常行走了。三十，一本作"二十"。间（jiàn）月，隔月，即一个多月。兼旬，即两旬，二十天。　⑭这几句话的意思是：犯人贫富不同，既然每人都会给钱，何必再根据钱的多少而给予差别对待呢？　⑮这句话的意思是：一个人选择谋生之术不可以不慎重，原话见《孟子·公孙丑上》。作者此处引用意在表明，狱卒作为一种职业，对待犯人如此狠毒不仁。

送刘函三序

方 苞

这篇文章通过古今对于"中庸"一词理解的巨大差异写出了社会价值观的变化。"中庸"本为君子修身的境界，而非世俗之人苟且怯懦的粉饰。作者含蓄而深沉地表达了自己的忧虑和不满。

道之不明久矣，士欲言中庸之言，行中庸之行，而不牵①于俗，亦难矣哉。苏子瞻曰："古之所谓中庸者，尽万物之理而不过；今之所谓中庸者，循循焉为众人之所为②。"夫能为众人之所为，虽谓之中庸可也。自吾有知识，见世之苟贱不廉③，奸欺而病于物者④，皆自谓中庸，世亦以中庸目之。其不然者，果自桎焉，而众皆持中庸之论以议其后⑤。

燕人刘君函三令池阳⑥，困长官诛求⑦，弃而授徒⑧江淮间，尝语余曰："吾始不知吏之不可一日以居也⑨。吾百有四十日而去官，食知甘而寝成寐，若昏夜涉江浮海而见其涯，若沉疴之霍然去吾体也⑩。"夫古之君子不以道徇人，不使不仁加乎其身⑪。刘君所行，岂非甚庸无奇之道哉⑫？而其乡人往往谓君迂怪不合于中庸，与亲

---

①牵：牵绊。　②这几句话的意思是：古代的中庸之道，遍察万物之理并不犯过失；现在的中庸之道，不过是循规蹈矩地做一般人做的事情。循循焉，循规蹈矩的样子。这几句话出自苏轼《策略第四》。③苟贱不廉：苟且卑贱，品行不正。廉，品行方正，正直。　④奸欺：奸诈虚伪。病于物：被名利困扰。⑤这几句话的意思是：那些品行不如此的人，如果坚守节操约束自己，世人反倒都要拿中庸之道在后面非议他们。桎，约束。　⑥令：名词活用作动词，担任县令。池阳：在今安徽省池州市，清代亦称池州，池阳是宋代池阳郡的古名。　⑦诛求：强索。⑧授徒：讲学并教授学生。⑨这句话的意思是：我起初还不知道我一天都做不得这个官。⑩沉疴：久治不愈的病。霍然：突然。　⑪这两句话的意思是：古代的君子不会拿道去向人炫耀，也不会让不仁之事加在自己身上。　⑫这句话的意思是：刘君奉行的难道不是非常平常毫不奇怪的道理吗？

昵者则太息深颦①，若哀其行之迷惑不可振救②者。虽然③，吾愿君之力行而不惑也。

无耳无目之人，贸贸然适于郁栖坑阱之中，有耳目者当其前，援之不克，而从以俱入焉，则其可骇诧也加甚矣④。凡务为挠⑤君之言者，自以为智，天下之极愚也。奈何乎不畏古之圣人贤人，而畏今之愚人哉？刘君幸藏吾言于心，而勿以示乡之人，彼且以为诪张颇僻⑥，背于中庸之言也。

游晋祠记

刘大櫆⑦

> 作者写晋祠之游极有法度，先写所见之景，却并未详述核心建筑如圣母庙之类，而是以泉水之流动为线索，映带农田、游鱼、溪石、古柏、亭台、夜月、童子，既有空间的转变，又有时间的推移。随后，作者引经据典，考证晋祠的历史与典故，在时空上拓展了晋祠的文化内涵，又为之后的抒情感怀作铺垫。此时，晋祠已经被作者提升到了千古功业之体现的境地，而在此背景下油然而生的人生短暂、个体渺小的感慨虽然与那些历史上的帝王伟业形成对比，却也展现了某种永恒性的魅力。

太原之西南八里许，有周叔虞⑧祠。祠西为悬瓮山，山之东麓

---

①颦（pín）：同"颦"，皱眉头。　②振救：帮助，拯救。　③虽然：即使如此。　④这几句话的意思是：耳聋眼盲者糊里糊涂地落入污泥陷阱之中，耳聪目明者恰在他跟前，想拉他不成，反和他一起陷入其中，那么有耳目者的惊异之情就更加厉害了。郁栖，污泥，典出《庄子·至乐》。　⑤挠：扰乱，阻止。　⑥诪（zhōu）张：惊讶害怕的样子。颇僻：品行不端。　⑦刘大櫆（kuí）：字才甫，一字耕南，号海峰，安徽桐城（今安徽枞阳）人。清代散文家，著有《海峰先生文集》十卷等。　⑧叔虞：周武王之子，成王之弟。成王封叔虞于唐，因唐地有晋水，至其子燮改国号为晋。《吕氏春秋·重言》有所谓"成王桐叶封弟"的传说，《史记·晋世家》也予以采信，唐代柳宗元写了《桐叶封弟辨》驳斥这种说法。

有圣母庙。其南又有台骀①祠，子产所谓汾神也。有泉自圣母神座之下东出，分左右二道。居人就泉凿二井，井上为亭槛②以覆之。今左井已淹，泉伏流地中，自井又东，沮洳③隐见，可十余步乃出流为溪。溪水洄洑绕祠南，初甚微，既远乃益大，溉田殆千顷④。水碧色，清泠见底，其下小石罗布，视之如碧玉，游鱼依石罅⑤往来甚适。水上有石桥，好事者夹溪流曲折为室如舟。左右乔木交荫，老柏数十株，大皆十围，其中厕⑥以亭台佛屋，彩色相辉映，月出照水尤可爱。溪中石大者如马，如羊，如棋局可坐。予与二三子摄衣而登，有童子数人咏而至，不知其姓名，与并坐久之。

山之半有寺，凿土为室，缭曲⑦宏丽，累石级而上望之，墟烟⑧远树，映带田塍⑨如画，《山海经》云："悬瓮之山，晋水出焉。"⑩周成王封弱弟⑪于唐地，在晋水之阳，后遂名国为晋。既入赵氏⑫，称晋阳。昔智伯决此水以灌赵城，而宋太祖复因其故智以平北汉⑬。甚哉，水之为利害也！唐高祖盖以唐公兴，尝祷于晋祠⑭。既定天下，太宗亲为铭而书之，立石以崇叔虞之德。今其石

---

①台骀（dài）：《左传·昭公元年》载郑国子产的话："昔金天氏有裔子曰昧，为玄冥师，生允格、台骀。台骀能业其官，宣汾、洮，障大泽，以处大原。帝用嘉之，封诸汾川。……台骀，汾神也。"金天氏即少昊，台骀为其后裔，为晋地汾河的河神。　②亭槛（jiàn）：亭子的栏杆，这里指亭子。　③沮洳（jù rù）：地势下陷潮润处，典出《诗经·魏风·汾沮洳》："彼汾沮洳，言采其莫。"诗中用以起兴者恰是源出太原的汾水，作者因而用此典故。　④这几句话的意思是：泉水可作灌溉用，回旋的流水绕着晋祠的南侧流去，起初水势很小，远处则变大，能灌溉约千顷农田。洄洑（huí fú），回旋的急流。　⑤罅（xià）：缝隙。　⑥厕：错落布置。　⑦缭曲：曲折。　⑧墟烟：村中的烟气。　⑨田塍（chéng）：即田埂。　⑩《山海经·北山经》记载："又北五十里，曰县雍之山，其上多玉，其下多铜……晋水出焉，而东南流注于汾水。""县雍"即"悬瓮"。　⑪弱弟：小弟。　⑫既入赵氏：指春秋末期晋国专权的六卿之一赵氏取得了这片土地。　⑬这两句话的意思是：过去智伯决开汾水灌入赵氏的晋阳，后来宋太祖又根据这条旧策平定了北汉。相关史事分别见《史记·赵世家》和《宋史·太祖本纪》。　⑭这两句话的意思是：唐高祖李渊因凭借唐国公的身份起家兴业，曾经在晋祠祈祷过。

在祠东，又其东为宋太平兴国①之碑。

是来也，余兄奉之官徐沟②，余偶至其署，因得纵观焉。念余之去太平兴国远矣，去唐之贞观益远矣，溯而上之，以及智伯及叔虞，又上之，至于台骀金天氏之裔，茫然不知在何代。太原之去吾乡三千余里，久立祠下，又茫然不知身之在何境。山川常在，而昔之人皆已泯灭其③无存。浮生之飘转无定，而余之幸游于此，无异鸟迹之在太空。然则士之生于斯世，虽能立振俗之殊勋，赫然惊人，与今日之游一视焉可也，其孰能判忧喜于其间哉④！于是⑤为之记。

袁随园⑥君墓志铭

姚　鼐

作者以极简洁又极富感情的笔触勾勒了袁枚的理想、快意的人生，做官为人称颂，尽享以文会友之乐，为官清廉正直，为人潇洒畅达，真乃古代知识分子的人生典范。

君，钱塘袁氏，讳枚，字子才。其仕在官，有名绩⑦矣。解官后，作园江宁⑧西城居之，曰"随园"。世称随园先生，乃尤著云。

①太平兴国：宋太宗赵光义的年号（976—984）。　②奉之：刘大櫆之兄刘大宾的字。徐沟：在今山西省太原市清徐县。　③其：音节助词。　④这几句话的意思是：这样看来士人在这个世上，即使能立下使世俗震惊的突出勋业，惊世骇俗，与我今日游览晋祠也可等量齐观，谁能断言这二者间孰喜孰忧呢？　⑤于是：因此。　⑥袁随园：即袁枚，字子才，钱塘人，辞官后隐居南京小仓山的随园，号随园主人，因有此称。　⑦名绩：好名声与功绩。　⑧江宁：即江宁府，今南京市在明代为应天府，顺治年间改为江宁府，下辖江宁、上元、句容等县，这里指的就是南京城区。

祖讳锜，考①讳滨，叔父鸿，皆以贫游幕②四方。君之少也，为学自成。年二十一，自钱塘至广西，省③叔父于巡抚幕中。巡抚金公锜④一见异之，试以《铜鼓赋》，立就，甚瑰丽。会开博学鸿词科⑤，即举君。时举二百余人，惟君最少。及试，报罢⑥。中乾隆戊午科顺天乡试，次年成进士，改庶吉士。散馆，又改发江南为知县，最后调江宁知县⑦。江宁故巨邑⑧，难治。时尹文端公⑨为总督，最知君才。君亦遇事尽其能，无所回避，事无不举⑩矣。既而去职家居，再起，发陕西；甫及陕，遭父丧归，终居江宁。

君本以文章入翰林有声，而忽摈外⑪；及为知县，著才⑫矣，而仕卒不进。自陕归，年甫四十，遂绝意仕宦，尽其才以为文辞歌诗。足迹造东南，山水佳处皆遍。其瑰奇幽邈，一发于文章，以自喜其意。四方士至江南，必造随园投诗文，几无虚日。君园馆花竹水石，幽深静丽，至棂槛器具⑬，皆精好，所以待宾客者甚盛。与人留连不倦，见人善，称之不容口。后进少年诗文一言之美，君必能举其词，为人诵焉。君古文、四六体，皆能自发其思，通乎古法。于为诗，尤纵才力所至，世人心所欲出不能达者，悉为达之；

---

①考：指已去世的父亲。　②游幕：外出充任幕僚。　③省（xǐng）：探望。　④金公锜（hóng）：即金锜，"公"是对其尊称，字震方，号德山，汉军镶白旗人，登州人，雍正六年任广西巡抚。　⑤博学鸿词科：科举制度外由皇帝下令进行的特殊选拔考试，不论出身，凡督府推荐者皆可赴京应试，选拔后即可授官。这里指雍正十三年召开的博学鸿词科，因雍正帝去世，在乾隆元年才开考，最终仅十九人通过。　⑥报罢：这里指未通过博学鸿词科考试。　⑦这几句话的意思是：袁枚是乾隆三年戊午科北京顺天府考取的举人，第二年会试通过成为进士，朝考后入翰林院为庶吉士。散馆考试后未留馆，外任江南省（约相当于今江苏省和安徽省）为知县（从后文看担任过溧水县知县），最后在江宁府江宁县任知县。　⑧巨邑：大都市。　⑨尹文端公：即尹继善，章佳氏，字元长，满洲镶黄旗人，深受雍正帝的信任。他于雍正九年至十一年、乾隆八年至十三年两度出任两江总督，这里当指第二次。"文端"为其谥号。　⑩举：这里指施政有所成就。　⑪摈外：被排斥在外，这里指他翰林院散馆后未留馆，而是外任知县。　⑫著才：显露才能。　⑬棂槛（líng jiàn）器具：园中的建筑及所用器物。棂槛，栏杆，这里泛指建筑。

士多仿其体。故《随园诗文集》，上自朝廷公卿，下至市井负贩，皆知贵重之。海外琉球①有来求其书者。君仕虽不显，而世谓百余年来，极山林之乐，获文章之名，盖未有及君也。

君始出，试为溧水令②。其考自远来县治。疑子年少，无吏能，试匿名访诸野。皆曰：“吾邑有少年袁知县，乃大好官也。”考乃喜，入官舍。在江宁尝朝治事③，夜召士饮酒赋诗，而尤多名迹④。江宁市中以所判事作歌曲，刻行四方，君以为不足道，后绝不欲人述其吏治⑤云。

君卒于嘉庆二年十一月十七日，年八十二。夫人王氏无子，抚从父弟树子通为子⑥。既而侧室钟氏又生子迟。孙二：曰初，曰禧。始，君葬父母于所居小仓山⑦北，遗命以己祔⑧。嘉庆三年十二月乙卯，祔葬小仓山墓左。

桐城姚鼐以君与先世有交，而鼐居江宁，从君游最久。君殁，遂为之铭曰：

粤有耆庞⑨，才博以丰。出不可穷，匪⑩雕而工。文士是宗⑪，名越海邦。蔼如⑫其冲，其产越中。载官⑬倚江，以老以终。两世阡同⑭，铭是幽宫。

---

①琉球：曾为清代藩属，清国子监设有琉球官学，但光绪五年（1879）被日本吞并改为冲绳县至今。　②溧水令：溧水县知县。溧水县清代隶属江宁府，今南京市溧水区。　③治事：处理政务。　④名迹：这里是声名业绩的意思。　⑤吏治：政绩。　⑥这两句话的意思是：夫人王氏没有生子，于是过继了堂弟袁树的儿子袁通。从父弟，指父亲兄弟所生年龄比自己小的儿子，即堂弟。　⑦小仓山：袁枚辞官后所居随园所在地，在今南京市鼓楼区广州路五台山一带，旧有所谓“随家仓”地名，袁枚去世后开始衰败，至上世纪五十年代在此修建体育场，旧址完全无存。　⑧祔（fù）：《说文》：“后死者合食于先祖。”即与先祖合在一处祭祀，这里指合葬。　⑨粤：句首助词。耆（qí）庞：长寿有德行的人。　⑩匪：不是。　⑪文士是宗：为士林所尊崇。　⑫蔼如：和气可亲的样子。　⑬载官：这里是辞官的意思。　⑭两世阡同：两代人的墓道在一处，指袁枚与其父母同葬一地。

李斯论

姚 鼐

姚鼐借古讽今，指出作为臣子应当坚持正确的立场和学说，为天下社稷谋福祉，而非一味逢迎君主与权臣，只为自己的利益得失考虑。否则，作为士大夫是可悲的，作为臣子是可憎的。全文说理极为严密，以反驳苏轼观点起首，引出李斯未尝以所学之荀子学说事秦的观点；随后，作者考证了秦国自孝公以来就行商鞅之法的事实，指出李斯不过是迎合君主之好而已；之后作者将论述一般化，指出君子与小人事君的不同，指出为了一时的荣华富贵而阿附君主的行为必然延祸及身；最后，再次反驳苏轼的观点，并将李斯与王安石类比，强化了责任不在荀子的观点。

苏子瞻谓李斯以荀卿之学乱天下①，是不然。秦之乱天下之法，无待于李斯，斯亦未尝以其学事秦。

当秦之中叶，孝公即位，得商鞅任之。商鞅教孝公燔《诗》《书》②，明法令，设告坐之过③，而禁游宦之民④。因秦国地形便利，用其法，富强数世，兼并诸侯，迄至始皇。始皇之时，一⑤用商鞅成法而已，虽李斯助之，言其便利，益成秦乱，然使李斯不言其便，始皇固自为之而不厌。何也？秦之甘于刻薄而便于严法久

---

①苏轼在《荀卿论》中说："昔者常怪李斯事荀卿，既而焚灭其书，大变古先圣王之法，于其师之道，不啻若寇仇。及今观荀卿之书，然后知李斯之所以事秦者，皆出于荀卿，而不足怪也。……荀卿明王道，述礼乐，而李斯以其学乱天下，其高谈异论有以激之也。"作者此处所引苏轼观点当出于此。　　②燔：焚烧。《韩非子·和氏》："商君教孝公以连什伍，设告坐之过，燔诗书而明法令，塞私门之请而遂公家之劳，禁游宦之民而显耕战之士。孝公行之，主以尊安，国以富强。"可见作者所述商鞅之法主要依据的是《韩非子》的记载。　　③告坐之过：指百姓在什伍制下，如所在组织内一人犯罪而不告发，则组织内所有人都须受到同等惩罚的制度。　　④游宦之民：指当时在秦国任职的非秦国人。　　⑤一：完全。

矣，其后世所习以为善者也^①。

斯逆探始皇、二世之心，非是不足以中佗君而张吾之宠^②。是以尽舍其师荀卿之学，而为商鞅之学，扫去三代先王仁政，而一切取自恣肆以为治，焚《诗》《书》，禁学士，灭三代法而尚督责^③，斯非行其学也，趋时而已。设所遭值^④非始皇、二世，斯之术将不出于此，非为仁也，亦以趋时而已。

君子之仕也，进不隐贤^⑤；小人之仕也，无论所学识非也，即有学识甚当，见其君国行事，悖谬无义，疾首蹙^⑥于私家之居，而矜夸导誉^⑦于朝庭之上。知其不义而劝^⑧为之者，谓天下将谅我之无可奈何于吾君，而不吾罪也；知其将丧国家而为之者，谓当吾身容可以免也^⑨。且夫小人虽明知世之将乱，而终不以易^⑩目前之富贵，而以富贵之谋，贻天下之乱，固有终身安享荣乐，祸遗后人，而彼宴然无与者矣^⑪。嗟乎！秦未亡而斯先被五刑、夷三族也^⑫。其天之诛恶人，亦有时而信也邪？《易》曰："眇能视，跛能履，履虎尾，咥人，凶^⑬。"其能视且履者幸也，而卒于凶者，盖其自取邪？

①这两句话的意思是：秦国乐于施行冷酷严苛之法并且感到严刑峻法的好处已经很久了，后世君王都把这沿袭已久的政策视作善法。　②这两句话的意思是：李斯探查并迎合秦始皇、秦二世的想法，（认为）不这样做不足以投合残暴之君的喜好并扩大自己所受的信任。逆，迎合。　③督责：督察责备。　④遭值：同义复词，遭逢，遇到。　⑤这两句话的意思是：君子出仕，进言献策之时毫不掩藏自己的才能。　⑥蹙（pín cù）：皱着眉头和额头，形容忧愁的样子。　⑦导誉：企求美誉。　⑧劝：鼓励。　⑨这两句话的意思是：明知君主所作所为要使国家灭亡却依然帮他这样做的人，以为就我个人而言或许可以免除祸患。容，副词，或许。　⑩易：改变。　⑪宴然：平安无事的样子。无与：不参与，这里是不受其害的意思。　⑫被：遭遇。夷：消灭。《史记·李斯列传》记载："二世二年七月，具斯五刑，论腰斩咸阳市。……而夷三族。"　⑬这几句话的意思是：盲一眼却还能看见，脚跛了却还能走路，（一旦）踩到虎尾，老虎会咬人，凶险。这是《周易·履卦》"六三"的卦辞。作者引此是为了表明，小人虽然能一时得意（即"眇能视，跛能履"），但总会遇到惩罚（即"履虎尾，咥人"）。咥（dié），咬。

且夫人有为善而受教于人者矣，未闻为恶而必受教于人者也。荀卿述先王而颂言儒效①，虽间②有得失，而大体得治世之要③。而苏氏以李斯之害天下罪及于卿，不亦远乎？行其学而害秦者，商鞅也；舍其学而害秦者，李斯也。商君禁游宦，而李斯谏逐客④，其始之不同术也，而卒出于同者，岂其本志哉？宋之世，王介甫以平生所学，建熙宁新法，其后章惇、曾布、张商英、蔡京之伦⑤，曷尝⑥学介甫之学耶？而以介甫之政促亡宋，与李斯事颇相类。夫世言法术之学足亡人国，固也。吾谓人臣善探其君之隐，一以委曲⑦变化从世好者，其为人尤可畏哉！尤可畏哉！

---

①儒效：儒家思想治理国家的效用。《荀子》书中有《儒效》篇。　　②间（jiàn）：夹杂，带有。
③要：要领，关键。　　④谏逐客：李斯在秦王政十年上《谏逐客书》，秦王因此取消了逐客令。
⑤章惇（dūn）：字子厚，建州浦城人。曾布：字子宣，曾巩的弟弟。张商英：字天觉，蜀州新津人。
蔡京：字元长，兴化军仙游人。这四人都不同程度属于主张变法的新党，但所持论都与王安石不同。伦，
类。　　⑥曷（hé）尝：即"何尝"。　　⑦委曲：这里是迁就的意思。

文史知识

一、程朱理学

程朱理学是由程颢、程颐、朱熹等人发展出的儒家学派。程朱理学认为"理"是作为万物的起源而存在的，人如果在纷繁错杂的社会中丧失了来自天地之"理"的本性，社会也就没有了"礼"。

"理"是万物的起源，因此万物的存在都蕴含着"理"，而通过"格物"（探究事物的道理）才能"致知"（获得知识，达成完善的理解）。所以人要成为圣人，就要克制自己的私欲，不要远离天地之理，要不断修养内心中上天赋予的理，即"存天理"，达到"仁"的精神境界，并实现"天人合一"。当人欲与天理相融，即"灭人欲"，那么人的生命轨迹就将依循天地之理运行了。

程朱理学在明清之际成为国家的官方哲学。从积极的角度而言，程朱理学有助于人们培养理论思维，引导人们读书修身，维护社会和谐，巩固国家稳定，促进历史发展。但是，程朱理学也有其负面作用。许多人运用程朱理学获取功名，他们死守教条，使得理学发展停滞、僵化，并且束缚人们的思想，从而体现出历史的局限性。

二、姚鼐

姚鼐是桐城派的集大成者，与方苞、刘大櫆并称"桐城派三祖"。

姚鼐曾跟刘大櫆学习古文。他的科考之路极为坎坷，后乾隆年间开四库全书馆，姚鼐被破格举荐入馆担任纂修官。《四库全书》编成之后，四十四岁的姚鼐决意离开官场。之后他多次辞却高官厚禄。

此后姚鼐辗转江浙各大书院，一心从事教育，南方各地都有他的学生，他们对于桐城派的传播起到了重要的作用。自方苞、刘大櫆开启的桐城派至此渐成气候，影响广泛，甚至有"天下文章其在桐城乎"的说法。

　　刘大櫆去世后，姚鼐成为桐城派的核心人物。他编纂了七十五卷的古文辞赋选本《古文辞类纂》，按照文章的体裁分类。他选入战国策、两汉散文及唐宋八大家、归有光、方苞、刘大櫆等人的文章，彰显了桐城派尊尚古文的传统，这本选集至今仍有影响。姚鼐八十五岁时在南京钟山书院去世。

思考与练习

1.《狱中杂记》的选文中,作者与狱卒对虐待犯人、敲诈勒索这种行为的看法有何不同?这种认知冲突产生的原因是什么?你又能从中看出什么?

2. 孔子说:"中庸之为德也,其至矣乎!民鲜久矣。"(《论语·雍也》)查阅相关资料,尝试厘清"中庸"这一概念的阐释史,结合《送刘函三序》一文,思考作者在文中所批评者对"中庸"是如何理解的,并谈谈你对"中庸"的理解。

3. 在《游晋祠记》中,作者是如何将游览胜景、文献考证与个人感怀结合起来的?结合桐城派散文理论,对此作一简要分析,并与同学交流。

4. 查阅袁枚的《随园诗话》《随园食单》等书,结合姚鼐为其写作的墓志铭,谈谈袁枚是个怎样的人,与同学交流你的读书心得。

5. 你是否同意作者在《李斯论》中所阐述的观点?阅读苏轼的《荀卿论》,思考:两人对荀子的看法产生差异的原因是什么?两篇文章的写作目的又分别是什么?

6. 与同学合作,阅读曾国藩《欧阳生文集序》及其他散文作品,查阅相关资料,探究曾国藩对于桐城派的传承与发展。

第四单元

读书人的时代反思
——《儒林外史》

单元导读

清朝早期，安徽省全椒县有一吴姓人家。吴家五个儿子中有四个考中进士，后来又出了两个进士，一门六进士，一时成为美谈。但是，到了第五代，吴家却出了一个"败家子"——吴敬梓。这位吴公子聪明异常，记忆力惊人，和当时士子不同，极爱读《文选》，善写诗赋。但他不慕功名，不走仕途，专喜广交朋友，挥洒钱财，很快就将家产散尽。中年后移居南京，为了修建先贤祠竟卖掉了自己居住的房子，生活日益窘迫。晚年客居扬州，依然纵酒，于乾隆十九年（1754）在扬州去世，年五十四。

但是，这位"败家子"最终却能够在中国小说史上占据一席之地，以至于他祖上的六位进士全加起来，似乎也比不上他一人！这是因为吴敬梓留下了一部不朽之作——《儒林外史》。

《儒林外史》是一部杰出的讽刺小说，是一部反映明清时代士大夫阶层生活的长篇章回体小说，事实上是清代知识分子的生活史。作者刻画了一大批或迂腐或无知或卑劣或贪暴的读书人，反映了当时的官场生态、社会现状，尤其凸显了以科举制度为核心的社会体制对士子的毒害。当然，书中也描绘了一些反映作者人生理想的士人形象，但除了开篇的王冕外，大多人物形象不够鲜明，不如他大力讥讽的那些"反面角色"刻画得成功。因此，鲁迅在《中国小说史略》中将其归为讽刺小说绝非偶然。

全书大致可分为四部分：第一部分即第一回，该回作为"楔子"，类似于全书的序言，以王冕的故事确定全书的主旨；第二部分（2—30回），重点写"反派"文人；第三部分（31—54回）侧重写理想文人；第四部分为最后两回，作者以"市井四大奇人"和"幽榜"收束全书，与第一回王冕故事遥相呼应。

本单元节选了王冕、严贡生、马二先生的相关故事，这三人的故事大约折射了《儒林外史》一书中截然不同的三种古代文人的类型。作者没有直接跳出来对人物发表评价，而是让人物通过自己的言语行动展示出各自的思想性格特点。因此，阅读这些故事，一定要对各类人物的言行细加体会，认真揣摩人物各不相同的幽微的心理活动。

选文部分

王冕学画①

王冕，历史上确有其人，以书画闻名。但此书中的王冕，只是作者笔下一个虚构的人物形象，也是作者心目中读书人的典范。王冕研究学问但不求做官，善画荷花又不求名利，孝敬老母，热爱自然，崇尚自由，与小说后文的功名利禄之徒、不学无术之辈形成了鲜明的对比。可以说，王冕代表了中国古代士人的一种完美的可能性，即一方面掌握知识，成为乡贤，另一方面却不入仕途，洁身自好。不能将其与长沮、桀溺式的隐士作简单比附，而应该看到宋元以后，士人的生存空间不断扩大，仕途并非唯一值得追求的生命意义。而当学问—仕途的模式过度成熟时，这样一种置身事外式的态度，实在让人追慕。

人生南北多歧路，将相神仙，也要凡人做。百代兴亡朝复暮，江风吹倒前朝树。

功名富贵无凭据，费尽心情，总把流光误。浊酒三杯沉

---

①选自上海古籍出版社2010年版《儒林外史汇校汇评》第一回，原回目名为"说楔子敷陈大义，借名流隐括全文"。本单元选文均用此刻本。

醉去，水流花谢知何处？

这一首词，也是个老生长谈，不过说：人生富贵功名，是身外之物；但世人一见了功名，便舍着性命去求他。及至到手之后，味同嚼蜡①。自古及今，那一个是看得破的！

虽然如此说，元朝末年，也曾出了一个嵚崎磊落②的人。这人姓王名冕，在诸暨县③乡村里住。七岁上死了父亲，他母亲做些针指④，供给他到村学堂里去读书。看看三个年头，王冕已是十岁了。母亲唤他到面前来，说道："儿阿！不是我有心要耽误你，只因你父亲亡后，我一个寡妇人家，只有出去的，没有进来的；年岁不好，柴米又贵，这几件旧衣服和些旧家伙，当⑤的当了，卖的卖了；只靠着我替人家做些针指生活寻来的钱，如何供得你读书？如今没奈何，把你雇在间壁⑥人家放牛，每月可以得他几钱银子，你又有现成饭吃，只在明日就要去了。"王冕道："娘说的是。我在学堂里坐着，心里也闷；不如往他家放牛，倒快活些。假如我要读书，依旧可以带几本去读。"当夜商议定了。

第二日，母亲同他到间壁秦老家，秦老留着他母子两个吃了早饭，牵出一条水牛来交与王冕。指着门外道："就在我这大门过去两箭之地⑦，便是七泖⑧湖，湖边一带绿草，各家的牛都在那里打睡⑨。又有几十棵合抱的垂杨树，十分阴凉；牛要渴了，就在湖边上饮水。小哥，你只在这一带玩耍，不必远去。我老汉每日两餐小菜饭是不少的；每日早上，还折⑩两个钱与你买点心吃。只是百

---

①嚼蜡：没有味道，形容对某事没有兴趣，典出《楞严经》卷八。　②嵚（qīn）崎磊落：这里指品格卓然，与众不同。　③诸暨县：在今浙江省绍兴市。　④针指：针线活。　⑤当（dàng）：典当，抵押。　⑥间壁：隔壁。　⑦两箭之地：即相当于一支箭射程两倍的距离，表示并不太远。　⑧泖（mǎo）：水面平静的小湖。　⑨打睡：即歇息，睡觉。　⑩折（shé）：花，耗损，这里是付给的意思。

事勤谨些，休嫌怠慢。"他母亲谢了扰要回家去，王冕送出门来，母亲替他理理衣，口里说道："你在此须要小心，休惹人说不是；早出晚归，免我悬望①。"王冕应诺，母亲含着两眼眼泪去了。

王冕自此只在秦家放牛，每到黄昏，回家跟着母亲歇宿。或遇秦家煮些腌鱼、腊肉给他吃，他便拿块荷叶包了来家，递与母亲。每日点心钱，他也不买了吃；聚到一两个月，便偷个空，走到村学堂里，见那闯学堂的书客②，就买几本旧书。日逐③把牛栓了，坐在柳阴树下看。

弹指又过了三四年。王冕看书，心下也着实明白了。那日，正是黄梅时候，天气烦躁④。王冕放牛倦了，在绿草地上坐着。须臾，浓云密布，一阵大雨过了。那黑云边上镶着白云，渐渐散去，透出一派日光来，照耀得满湖通红。湖边上山，青一块，紫一块，绿一块。树枝上都像水洗过一番的，尤其绿得可爱。湖里有十来枝荷花，苞子上清水滴滴，荷叶上水珠滚来滚去。王冕看了一回，心里想道："古人说：'人在画图中'，其实⑤不错！可惜我这里没有一个画工，把这荷花画他几枝，也觉有趣！"又心里想道："天下那有个学不会的事？我何不自画他几枝？"

正存想⑥间，只见远远的一个夯汉⑦，挑了一担食盒⑧来，手里提着一瓶酒，食盒上挂着一条毡条。来到柳树下，将毡铺了，食盒打开。那边走过三个人来，头带方巾，一个穿宝蓝夹纱直裰，两人穿玄色直裰，都有四五十岁光景，手摇白纸扇，缓步而来。那穿宝

---

①悬望：挂念。　　②闯学堂的书客：指那些来到农村学堂来售卖文房用具及书籍的商人。　　③日逐：浙江方言，即每天。　　④烦躁：这里是使人感到烦躁的意思。　　⑤其实：确实。　　⑥存想：思量，思索。　　⑦夯（bèn）汉：壮汉。夯，同"笨"。　　⑧食盒：一种可以存放食物等礼品的大盒子。

蓝直裰的是个胖子，来到树下，尊那穿玄色的一个胡子坐在上面，那一个瘦子坐在对席。他想是主人了，坐在下面把酒来斟。

吃了一回，那胖子开口道："危老先生回来了。新买了住宅，比京里钟楼街的房子还大些，值得二千两银子。因老先生要买，房主人让了几十两银卖了，图个名望体面。前月初十搬家，太尊、县父母，都亲自到门来贺，留着吃酒到二三更天。街上的人，那一个不敬！"那瘦子道："县尊是壬午举人，乃危老先生门生，这是该来贺的①。"那胖子道："敝亲家也是危老先生门生，而今在河南做知县；前日小婿来家，带二斤干鹿肉来见惠，这一盘就是了。这一回小婿再去，托敝亲家写一封字来，去晋谒②晋谒危老先生。他若肯下乡回拜，也免得这些乡户人家放了驴和猪在你我田里吃粮食。"那瘦子道："危老先生要算一个学者了。"那胡子说道："听见前日出京时，皇上亲自送出城外，携着手走了十几步，危老先生再三打躬辞了，方才上轿回去。看这光景，莫不是就要做官？"三人你一句，我一句，说个不了。

王冕见天色晚了，牵了牛回去。自此，聚的钱不买书了；托人向城里买些胭脂铅粉之类，学画荷花。初时画得不好，画到三个月之后，那荷花精神、颜色无一不像，只多着一张纸，就像是湖里长的，又像才从湖里摘下来贴在纸上的。乡间人见画得好，也有拿钱来买的。王冕得了钱，买些好东西孝敬母亲。一传两，两传三，诸暨一县都晓得是一个画没骨花卉③的名笔，争着来买。到了十七八岁，不在秦家了。每日画几笔画，读古人的诗文，渐渐不愁衣食，

---

①这几句话的意思是：县令是壬午年危老先生主持乡试时选拔的举人，理应前来庆贺。　②晋谒：进见。　③没（mò）骨花卉：中国画中不以线条勾轮廓而直接设色的花卉画。

母亲心里欢喜。

这王冕天性聪明，年纪不满二十岁，就把那天文、地理、经史上的大学问，无一不贯通。但他性情不同，既不求官爵，又不交纳朋友，终日闭户读书。又在《楚辞图》上看见画的屈原衣冠，他便自造一顶极高的帽子，一件极阔的衣服。遇着花明柳媚的时节，把一乘牛车载了母亲，他便戴了高帽，穿了阔衣，执着鞭子，口里唱着歌曲，在乡村镇上，以及湖边，到处玩耍。惹的乡下孩子们三五成群跟着他笑，他也不放在意下。只有隔壁秦老，虽然务农，却是个有意思的人，因自小看见他长大，如此不俗，所以敬他爱他，时时和他亲热，邀在草堂里坐着说话儿。

……

又过了六年，母亲老病卧床，王冕百方延医调治，总不见效。一日，母亲吩咐王冕道："我眼见得不济事了。但这几年来，人都在我耳根前说你的学问有了，该劝你出去做官。做官，怕不是荣宗耀祖的事！我看见这些做官的，都不得有甚好收场。况你的性情高傲，倘若弄出祸来，反为不美。我儿可听我的遗言，将来娶妻生子，守着我的坟墓，不要出去做官。我死了，口眼也闭！"王冕哭着应诺。他母亲奄奄一息，归天去了。王冕擗踊[1]哀号，哭得那

---

　　①擗踊（pǐ yǒng）：捶胸顿足，形容极度悲哀。

邻舍之人无不落泪。又亏秦老一力帮衬，制备衣衾棺椁。王冕负土成坟，三年苦块①，不必细说。

……

自此以后，时常有人传说，朝廷行文到浙江布政司②，要征聘王冕出来做官。初时不在意里，后来渐渐说的多了，王冕并不通知秦老，私自收拾，连夜逃往会稽山中。

劣绅严贡生③

严贡生叫严大位，他还有个叫严大育的弟弟。名字显然是从《中庸》"致中和，天地位焉，万物育焉"中来的，可见是耕读世家。下文这几件小事，折射出一个读书人的卑劣。王小二、黄梦统两件官司，再加上云片糕事件，立刻勾画出一个招摇撞骗、横行乡里的劣绅。我们从中可以看到，乡绅统治在明清底层社会占据着何等重要的地位。如严贡生这样仅是挨贡出身的绅士，就能如此横行霸道，作威作福。因此，乡绅政治尽管有其稳定高效、便于教化的好处，但遇到品行不端的乡绅，往往更加剧社会矛盾。鲁迅先生的小说《离婚》就与《儒林外史》的相关段落一脉相承。

（汤知县④）正要退堂，见两个人进来喊冤，知县叫带上来问。一个叫做王小二，是贡生⑤严大位的紧邻。去年三月内严贡生家一

---

①苫（shān）块：指孝子守丧期间使用的草席和以土块制成的枕头，这里代指守丧。　②布政司：承宣布政使司的简称，主管一省民政。　③选自《儒林外史》第五、六回，原回目名是"王秀才议立偏房，严监生疾终正寝""乡绅发病闹船家，寡妇喊冤控大伯"。　④汤知县：书中时任广东省高要县知县的汤奉，他是范进中举那一次乡试的同考官，因此范进对其自称"门生"。　⑤贡生：在秀才中选拔进入国子监深造的人，地位稍次于举人，但理论上具备了做官的资格。贡生种类繁多，此处严贡生属于每年按照资格推荐的贡生，称岁贡，也叫挨贡。

口才生下来的小猪，走到他家去，他慌送回严家。严家说，猪到人家，再寻回来，最不利市^①，押着出了八钱银子，把小猪就卖给他。这一口猪在王家已养到一百多斤，不想错走到严家去，严家把猪关了。小二的哥子王大走到严家讨猪，严贡生说，猪本来是他的，"你要讨猪，照时值估价，拿几两银子来领了猪去"。王大是个穷人，那有银子？就同严家争吵了几句，被严贡生几个儿子，拿拴门的闩，杆面的杖，打了一个臭死，腿都打折了，睡在家里，所以小二来喊冤。

知县喝过一边，带那一个上来问道："你叫做甚么名字？"那人是个五六十岁的老者，禀道："小人叫做黄梦统，在乡下住。因去年九月上县来交钱粮，一时短少，央中^②向严乡绅借二十两银子，每月三分钱^③，写立借约，送在严府。小的却不曾拿他的银子。走上街来，遇着个乡里的亲眷，说他有几两银子借与小的交个几分数，再下乡去设法，劝小的不要借严家的银子。小的交完钱粮，就同亲戚回家去了。至今已是大半年，想起这事，来问严府取回借约，严乡绅问小的要这几个月的利钱。小的说：'并不曾借本，何得有利？'严乡绅说小的当时拿回借约，好让他把银子借与别人生利；因不曾取约，他将二十两银子也不能动，误了大半年的利钱，该是小的出。小的自知不是，向中人说，情愿买个蹄酒^④上门取约。严乡绅执意不肯，把小的的驴和米同稍袋^⑤，都叫人短^⑥了家去，还不发出纸^⑦来。这样含冤负屈的事，求太老爷做主！"

---

①利市：吉利。　　②央中：央求中间人。　　③每月三分钱：指每月每两银子三分月息。　　④蹄酒：这里指用以赔罪做人情的酒菜，典出《史记·滑稽列传》淳于髡与齐威王的对话。　　⑤稍袋：即"梢袋"，指装粮食用的长口袋。　　⑥短：这里是抢夺的意思。　　⑦纸：这里指之前的那张借据。

知县听了，说道："一个做贡生的人，忝列衣冠①，不在乡里间做些好事，只管如此骗人，其实可恶！"便将两张状子都批准，原告在外伺候。早有人把这话报知严贡生，严贡生慌了，自心里想："这两件事都是实的，倘若审断起来，体面上须不好看。'三十六计，走为上计'！"卷卷行李，一溜烟急走到省城去了。

　　……

　　那日，将到了高要县，不过二三十里路了，严贡生坐在船上，忽然一时头晕上来，两眼昏花，口里作恶心，哕②出许多清痰来。来富同四斗子③，一边一个，架着膊子，只是要跌。严贡生口里叫道："不好！不好！"叫四斗子快丢了，去烧起一壶开水来。四斗子把他放了睡下。一声不倒一声④的哼。四斗子慌忙同船家烧了开水，拿进舱来。严贡生将钥匙开了箱子，取出一方云片糕来，约有十多片，一片一片剥着，吃了几片，将肚子揉着，放了两个大屁，登时好了。剩下几片云片糕，搁在后鹅口板上，半日也不来查点。那掌舵驾长⑤害馋痨，左手扶着舵，右手拈来，一片片的送在嘴里了，严贡生只作不看见。

　　少刻，船拢了马头。严贡生叫来富着速叫他两乘轿子来，摆齐执事⑥，将二相公同新娘⑦先送了家里去；又叫些马头上人来，把箱笼都搬了上岸，把自己的行李也搬上了岸。船家、水手都来讨喜钱。严贡生转身走进舱来，眼张失落⑧的四面看了一遭，问四斗

---

①忝（tiǎn）列衣冠：勉强也算是士大夫身份的人。忝，勉强。这本是谦恭的客套话，这里知县这样说是表示对严贡生的不满。　　②哕（yuě）：呕吐。　　③来富、四斗子：均为严家仆人。　　④一声不倒一声：一声接着一声。　　⑤驾长：即船工。　　⑥执事：这里指婚礼迎亲的仪仗。　　⑦新娘：严贡生在省城时结识了其座师周进的一位本家，这位周氏本家将女儿许给了严贡生第二个儿子，因此下文船家等都来讨喜钱。　　⑧眼张失落：慌张失神的样子。

子道："我的药往那里去了？"四斗子道："何曾有甚药？"严贡生道："方才我吃的不是药？分明放在船板上的。"那掌舵的道："想是刚才船板上几片云片糕，那是老爷剩下不要的，小的大胆就吃了。"严贡生道："吃了？好贱的云片糕！你晓得我这里头是些甚么东西？"掌舵的道："云片糕不过是些瓜仁、核桃、洋糖、粉面做成的了，有甚么东西？"严贡生发怒道："放你的狗屁！我因素日有个晕病，费了几百两银子合了这一料药，是省里张老爷在上党①做官带了来的人参，周老爷在四川做官带了来的黄连。你这奴才！'猪八戒吃人参果——全不知滋味'！说的好容易！是云片糕！方才这几片，不要说值几十两银子，'半夜里不见了枪头子——攮②到贼肚里'！只是我将来再发了晕病，却拿甚么药来医？你这奴才，害我不浅！"叫四斗子开拜匣③，写帖子，"送这奴才到汤老爷衙里去，先打他几十板子再讲！"掌舵的唬了，陪着笑脸道："小的刚才吃的甜甜的，不知道是药，只说是云片糕。"严贡生道："还说是云片糕！再说云片糕，先打你几个嘴巴！"

说着，已把帖子写了，递给四斗子。四斗子慌忙走上岸去，那些搬行李的人帮船家拦着。两只船上船家都慌了，一齐道："严老爷，而今是他不是，不该错吃了严老爷的药。但他是个穷人，就是连船都卖了，也不能赔老爷这几十两银子。若是送到县里，他那里耽得住？如今只是求严老爷开恩，高抬贵手，恕过他罢！"严贡生越发恼得暴躁如雷。搬行李的脚子走过几个到船上来道："这事原是你船上人不是，方才若不如是着紧的问严老爷要喜钱、酒钱，

---

①上党：山西省东南部的大片区域，其核心地区在今山西省长治市。　②攮（nǎng）：（刀枪等）刺戳。　③拜匣：存放请柬拜帖等人际交往用具的木匣。

新编中华文化基础教材·第十八册

严老爷已经上轿去了。都是你们拦住，那严老爷才查到这个药。如今自知理亏，还不过来向严老爷跟前磕头讨饶？难道你们不赔严老爷的药，严老爷还有些贴与你不成？"众人一齐捺着掌舵的磕了几个头。严贡生转弯道："既然你众人说，我又喜事匆匆，

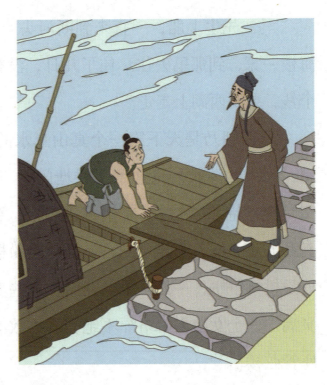

且放着这奴才，再和他慢慢算账，不怕他飞上天去！"骂毕，扬长上了轿。行李和小厮跟着，一哄去了。船家眼睁睁看着他走去了。

马二先生游西湖[1]

本节文字是《儒林外史》一书中最精彩的片段。乍看平淡之极，既无文采，也无情节，却把马二先生的性格和心理刻画得纤毫毕现。马二先生游西湖，面对西湖美景毫无感觉；对游湖的妇女却又有特别的心态——对乡下妇女他放肆地细细查看，对富家女子却又不敢看或故意不看，很曲折地展示了微妙的心理。马二先生是一位迂腐却又不乏忠厚的读书人，长期浸淫于科举文选，他已经无法欣赏西湖山水人物之美。不妨将这一节文字与王冕看雨后荷花一节文字对比阅读，可知不同境界的文人，面对美景的感受自然完全不同。

---

①选自《儒林外史》第十四回，原回目是"蘧（qú）公孙书坊送良友，马秀才山洞遇神仙"。马二先生，即马纯上，处州人，他秀才进学后，依次补充为廪生，可按月向官府领取一定膳米，但他应试二十四年依然没能通过乡试，因此只能靠为书商选评一些八股时文谋生。

马二先生上船，一直来到断河头①，问文瀚楼的书坊，乃是文海楼一家，到那里去住。住了几日，没有甚么文章选，腰里带了几个钱，要到西湖上走走。

　　这西湖乃是天下第一个真山真水的景致。且不说那灵隐的幽深，天竺的清雅，只这出了钱塘门②，过圣因寺③，上了苏堤，中间是金沙港④，转过去就望见雷峰塔，到了净慈寺，有十多里路，真乃五步一楼，十步一阁，一处是金粉楼台，一处是竹篱茅舍，一处是桃柳争妍，一处是桑麻遍野。那些卖酒的青帘高扬，卖茶的红炭满炉，士女游人，络绎不绝，真不数"三十六家花酒店，七十二座管弦楼"。

　　马二先生独自一个，带了几个钱，步出钱塘门，在茶亭里吃了几碗茶，到西湖沿上牌楼跟前坐下。见那一船一船乡下妇女来烧香的，都梳着挑鬓头⑤，也有穿蓝的，也有穿青绿衣裳的，年纪小的都穿些红绸单裙子。也有模样生的好些的，都是一个大团白脸，两个大高颧骨，也有许多疤、麻、疥、癞的。一顿饭时，就来了有五六船。那些女人后面都跟着自己的汉子，掮⑥着一把伞，手里拿着一个衣包，上了岸，散往各庙里去了。马二先生看了一遍，不在意里，起来又走了里把多路。望着湖沿上接连着几个酒店，挂着透肥的羊肉，柜台上盘子里盛着滚热的蹄子、海参、糟鸭、鲜鱼，锅里煮着馄饨，蒸笼上蒸着极大的馒头。马二先生没有钱买了吃，喉咙里咽唾沫，只得走进一个面店，十六个钱吃了一碗面。肚里不

①断河头：杭州古地名，原是护城河的东河，南宋为修建宫殿填去了南段，在今河坊街一带。　②钱塘门：杭州西城门之一，在今西湖与庆春路口。　③圣因寺：在今孤山之上。　④金沙港：在今杨公堤以西杭州花圃以北。　⑤挑鬓头：指一种以骨针支住两鬓头发使其隆起的发式。　⑥掮（qián）：扛着。

饱，又走到间壁一个茶室，吃了一碗茶，买了两个钱处片①嚼嚼，倒觉得有些滋味。吃完了出来，看见西湖沿上柳阴下系着两只船，那船上女客在那里换衣裳：一个脱去玄色外套，换了一件水田披风②；一个脱去天青外套，换

了一件玉色绣的八团衣服③；一个中年的脱去宝蓝缎衫，换了一件天青缎二色金④的绣衫。那些跟从的女客，十几个人，也都换了衣裳。这三位女客，一位跟前一个丫鬟，手持黑纱团香扇替他遮着日头，缓步上岸。那头上珍珠的白光，直射多远，裙上环佩，丁丁当当的响。马二先生低着头走了过去，不曾仰视。往前走过了六桥⑤，转个弯，便像些村乡地方，又有人家的棺材厝基⑥，中间走了一二里多路，走也走不清，甚是可厌。

　　马二先生欲待回家，遇着一走路的，问道："前面可还有好顽的所在？"那人道："转过去便是净慈、雷峰，怎么不好顽？"马二先生又往前走。走到半里路，见一座楼台盖在水中间，隔着一道板桥，马二先生从桥上走过去，门口也是个茶室，吃了一碗茶。里

---

①处（chǔ）片：指处州（今浙江省丽水市）出产的笋片。　②水田披风：指以各色锦缎拼合而成的外衣。
③玉色绣的八团衣服：指用淡青色绣制八处图案的服饰。　④二色金：指用深浅两种金线。以上三种都属于贵族服饰。　⑤六桥：指苏堤上映波、锁澜、望山、压堤、东浦、跨虹六座桥。　⑥厝（cuò）基：处于奠基之上以砖土砌成的临时棺椁，用以暂停棺木以待葬。

面的门锁着，马二先生要进去看，管门的问他要了一个钱，开了门放进去。里面是三间大楼，楼上供的是仁宗皇帝①的御书，马二先生吓了一跳，慌忙整一整头巾，理一理宝蓝直裰，在靴桶内拿出一把扇子来当了笏板，恭恭敬敬朝着楼上，扬尘舞蹈，拜了五拜。拜毕起来，定一定神，照旧在茶桌子上坐下。傍边有个花园，卖茶的人说是布政司房里的人在此请客，不好进去。那厨房却在外面，那热汤汤的燕窝、海参，一碗碗在跟前捧过去，马二先生又羡慕了一番。

出来过了雷峰，远远望见，高高下下，许多房子，盖着琉璃瓦，曲曲折折无数的朱红栏杆。马二先生走到跟前，看见一个极高的山门，一个直匾，金字，上写着"敕赐净慈禅寺"。山门傍边一个小门，马二先生走了进去，一个大宽展②的院落，地下都是水磨的砖，才进二道山门，两边廊上都是几十层极高的阶级③。那些富贵人家的女客，成群逐队，里里外外，来往不绝，都穿的是锦绣衣服，风吹起来，身上的香一阵阵的扑人鼻子。马二先生身子又长，戴一顶高方巾，一幅乌黑的脸，瞟着个肚子，穿着一双厚底破靴，横着身子乱跑，只管在人窝子里撞。女人也不看他，他也不看女人。前前后后跑了一交，又出来坐在那茶亭内——上面一个横匾，金书"南屏"两字——吃了一碗茶。柜上摆着许多碟子：橘饼、芝麻糖、粽子、烧饼、处片、黑枣、煮栗子。马二先生每样买了几个钱的，不论好歹，吃了一饱。马二先生也倦了，直着脚，跑进清波门④，到了下处⑤关门睡了。因为走多了路，在下处睡了一天。

---

①仁宗皇帝：这里当指明仁宗朱高炽。　②宽展：宽阔。　③阶级：台阶。　④清波门：杭州西城门之一，遗址在今南山路学士公园内。　⑤下处：指临时歇宿的地方。

新编中华文化基础教材·第十八册

文史知识

明清科举制度①

明清时期是中国科举制度的成熟期，也是鼎盛期。除去短时间的中断，延续时间极长，制度也较为完善，选拔人才众多，是当时较为先进也非常重要的人才选拔机制。由于清代多沿袭明代科举制度，此处详细介绍明代科举。

人才选拔起初大体有学校和科考两个系统：学校系统，即从基层社学，府、州、县学直至京师国子监；科考系统则主要指通过国家组织的逐级考试取得仕途的机制。参与科考，必须经由学校，而起初学校则往往可以不由科考。

学生凡是未通过考试进入县学者，无论年龄大小，都称为"童生"。这些人先经过府、州、县官考试，再由朝廷专门任命的提学官主持，录取入学，叫做"进学"，称为生员或秀才，即可享受免除差役的特权。生员实际上有附学、增广和食廪三种资格，刚进学者为附学生员。之后，提学官在三年内要进行岁考和科考两次考试，考试结果岁考分六等，一、二等要予以奖励，即可按照人数资历依次递进资格，三等正常，四等以下就要接受斥责、降等直至革除不同程度的处罚；科考则往往只分三等，一、二等获得参加乡试的资格，叫做"录科"，三等则不能应试。

国子监是国家最高学府，起初也是重要的人才储备所。明代由于有南、北二京，因此也有南、北二监，至清顺治三年（1650）废南监为江宁府学。国子监的学生统称为"监生"，但大体上又有四种类型：第一，举监，即举人会试未通过而择优入选者；第二，贡监，即地方上的生员择优选拔入学者；第三，荫监，即文官三品以上或

---

① 参看王德昭：《清代科举制度研究》，中华书局，1984年2月。

者皇帝加恩可不限官品，允许一子入学者；第四，例监，即一般人出资购得入学资格者。其中，贡监较为复杂，又可分为岁贡①（府、州、县每年定额举荐者）、选贡（地方生员每三年或五年经考试选送者）、恩贡（遇庆典或新君登基特别选送者）和纳贡（地方生员出资者）四类。如本单元选文中的严贡生就属于贡监中的岁贡，只是清代于贡生和监生间较之明代特示区别，且清康熙之后岁贡者往往不到国子监报到。国子监主管官员称为"祭酒"，又有左、右司业及其他人员作辅助。共设正义、崇志、广业、修道、诚心、率性六堂，实际上代表了学习的三个阶段。那些只通四书而未通其他经典的，编入前三堂学习，时间在一年半左右；其后能通顺作文者则进入修道、诚心二堂，时间也在一年半左右；而已通经史、作文熟练者进入率性堂学习，采用八分积分制，一年内修满即给予做官资格。当然，监生也可在中途选择参加乡试，以科考入仕。学校系统显然主要依赖举荐，其公正性不及科考，加之其后出资也可入学，更使学风败坏，人才难得，因而很快这一系统就衰微了。明清两代，学校系统的兴盛都只在国初或暂停科举的时期，也是这个原因。

省一级的乡试是难度较高的考试，其录取比例也很低，通过乡试者称举人，也仿古称为孝廉。乡试每三年进行一次，分别在干支纪年的子、卯、午、酉年的八月进行，故称"秋闱②"。地方生员在本省参加考试，监生有的回原籍，有的则就近在顺天府或应天府应试。考试共分三场，第一场考四书义、经义，也就是广为人知的八股文③，第二场考论、判、诏、诰、章、表等应用文，第三场考经史和策论。从内容上来看，考察得相当全面，既涉及儒家经典，又关乎朝政实践，但操作中多注重第一场考试的结果，即实际上还是看那几篇"代圣人立言"的八股文水平如何。到清代更有乡试考官只看第一场通过者的后两场试卷，实际上使八股文水平成为了考生通过与否的决定性因素。至乾隆五十二年，规定乡试首场考八股文三篇和五言八韵诗一首的定例，使考生的学习重心更向与实际脱节甚远的经典注释与文章作法上倾斜④。

乡试后的次年，即干支纪年的丑、辰、未、戌年的二月举行会试，故称"春闱"。雍正五年会试因闰年天寒改为三月，到乾隆十年正式定为三月进行。会试通过者暂时称为"贡士"，随后参加殿试以定等级排名，分一、二、三甲。第一甲三人为

---

① 岁贡：也称优贡。　②闱（wéi）：《说文》："宫中之门也。"后可指科举考场，也可代指科举考试。③八股文：八股文是就文章结构而言，此外，还有时文、制艺、四书文等名称，分别从时代、功能和内容三个角度命名。　④清人在康、雍年间对此早有反思，但认为此制度明代人已经施行几百年，也能选拔人才，且尚无更好的办法替代。这一方面表明科举制度有其公平性的一面，另一方面也可见八股取士的弊端并非到了晚清才为人所知。

赐进士及第，称状元①、榜眼、探花；第二甲若干为赐进士出身，其中第一名称为传胪；第三甲若干为赐同进士出身。第一甲三人能直接进入翰林院，状元授予修撰，其他两人授编修。二、三甲进士则可以考选庶吉士，未选入者再授其他官职。无论如何，进士出身的人在仕途上都明显优于举人。清代又有朝考制度，由第一甲之外其余人参加，优异者为庶吉士进入翰林院，称为"馆选"，其余人则可在中央或地方获得官职。三年之后，要举行"散馆"考试，第一甲三人也须参加。成绩前列者可以留馆，留馆者中二甲以上者授予编修，三甲者授检讨，其余再转授其他官职。清代于进士之中，特别看中翰林院出身②，康、雍之后大学士、宰辅等要职往往都有"留馆"资历。而翰林院中人无论进入早晚，在官场中都以"同馆"相称。

以晚清名臣曾国藩为例，他以道光十二年（1832）中秀才，两年后参加湖南省乡试，中第三十六名举人。此后一次会试一次恩科都未成功，于十八年会试登第。殿试列三甲第四十二名，经朝考选为翰林院庶吉士，三年后留馆任检讨。三年后即任四川省乡试正考官，二十五年又任会试同考官，随即升詹事府右春坊右庶子③。至二十七年六月升内阁学士。其后又任武英殿大学士、两江总督、直隶总督等职，都与其之前的资历密不可分。再以李鸿章为例，他以道光二十年（1840）考中秀才，二十三年被庐州府学选为优贡，他随即入京参加次年的顺天府乡试，考中第八十四名举人，但春闱失利。二十七年中进士，殿试列二甲第十三名，经朝考成为翰林院庶吉士。三年后留馆任编修。这样的资历对他日后的政治生涯有重要意义。

---

①乡试第一名称为"解元"，会试第一名称"会元"。如果一人从乡试至殿试都取得第一名，称为"三元及第"；如果一科之中三次考试都取得第一，则称为"连中三元"。　②实际上在明代就是如此，从明英宗天顺二年（1458）起，非进士不入翰林院，非翰林出身不入内阁，包括礼部尚书及侍郎、吏部右侍郎等官非翰林不可，庶吉士也常被人视为储相。整个明代的宰辅，九成为翰林院出身。　③晚清朱克敬《翰林仪品记》中说："卜相非翰林不与，大臣饰终必得翰林乃得谥文，他官叙资，亦必先翰林。翰林入直两书房，及为讲官，迁詹事府者，人尤贵之。其次主考、督学。迁詹事府必由左、右春坊，谓之'开坊'，则不外用。"曾国藩的仕途与其所述几乎完全一致，他从入翰林院至咸丰二年（1852）丁母忧回乡的十五年间，除了外出任考官外，长期担任京官，且升迁很快。若非太平天国运动爆发，令他忙于在外组建湘军等，他很有可能会继续在京升迁至宰辅。

思考与练习

1. 仔细阅读《王冕学画》开篇词作及解说文字，回答文后问题：

"人生南北多歧路，将相神仙，也要凡人做。百代兴亡朝复暮，江风吹倒前朝树。功名富贵无凭据，费尽心情，总把流光误。浊酒三杯沉醉去，水流花谢知何处？"

这一首词，也是个老生长谈。不过说人生富贵功名，是身外之物；但世人一见了功名，便舍着性命去求他。及至到手之后，味同嚼蜡。

词作中体现"富贵功名，是身外之物"的词句是：＿＿＿＿＿＿＿＿

体现"世人一见了功名，便舍着性命去求他"的词句是：＿＿＿＿＿＿＿

体现"到手之后，味同嚼蜡"的词句是：＿＿＿＿＿＿＿＿＿＿

2.《王冕学画》一节，为什么在写王冕欣赏雨后荷花之后要描写三个人在湖边喝酒闲谈的一段故事？

3. 严贡生为了赖去船家十几两银子的船费，设下了计谋诱使船家上当。认真阅读文中相关内容，看看哪些文字表现了严贡生的狡诈心机，将你读出来的感受与同学们讨论交流。

4. 阅读马二先生游西湖与王冕欣赏湖边美景的两段描写，写一篇文章分析马二与王冕面对美景时不同的心理，思考产生这种巨大心理差异的原因是什么。

_____

_____

_____

_____

第五单元

我劝天公重抖擞
——龚自珍

单元导读

生活上，他放浪形骸，不拘礼节，辞官南下，还不忘纳妾而归，颇有"名士"气；喜欢自击手腕，不喜修饰，"故衣残履，十年不更"，常常蓬头垢面；兴之所至，他会和陌生人席地而坐，引吭高歌，酩酊大醉，将芍药花瓣弄落了一地。

他说："但开风气不为师。"他吸收了庄子的奇想连翩的精神，屈原比兴瑰诡的表现手法，追求不恒常的构想和独辟蹊径的运思，再加上奇特的描写和表达，文笔横霸，形成了奇诡不凡的诗文特色。

他是清代第一个将自我主体提升到前所未有的高度的思想者，也是第一个从帝国体制内生发出批判改良思维的思想者。他甚至敢于反传统，提出"私"是人们考虑一切问题的基点，但又将小我与时代的大我紧紧融合；他"尊心""尊情"，自言："少年哀乐过于人，歌泣无端字字真。"

他忧郁、激愤、悲愁，孤独地行走；他以字解经，用"乾嘉学派"中"实事求是"的理性精神和严谨的治学态度来看待社会，并从数千年的历史发展角度审视现实，大声疾呼改革的必要性，并认为社会的弊病集中体现在人才问题上；他研究佛学，希望从中寻求到对社会人生问题的解释与应对方式，普渡众生，也试图以佛教教义和宗教虔诚解决自己在艰难的人生历程中的精神痛苦。

他所生活的"乾嘉盛世"，后人看来不过是"回光返照"，江河日下，颓波万里。统治者闭关锁国，盲目自大，醉生梦死；而来自外界的冲击与内部的矛盾都极大地摧毁了这个庞大帝国。面对日益激化的各种矛盾，空前严峻的民族危机，他从经学角度提出了改革的建议。

1819年的夏天，他来到北京的名胜陶然亭游玩，并写下了这样一首诗："楼阁参差未上灯，菰芦深处有人行。凭君且莫登高望，忽忽中原暮霭生。"这既是作者眼前的实景——夕阳西下，暮色初上，极目远方，天下苍然；也是作者感受到的虚景——帝国渐衰，社会迟滞，人才贫乏，危机四伏。作者的一生似乎始终笼罩在这样浓重的不安之下，直到去世前一年，鸦片战争终于爆发。近代的苦难才刚刚开始，他已经看不到这一切了。可是，历史记住了他——

　　他，就是龚自珍！

　　本单元诗文选自《龚自珍全集》（上海人民出版社1975年版）。

选文部分

明良论三

　　包括科举制度在内的整个官僚制度，到了清代已经臻于完善。但这种完善也孕育着新的问题，官员考核升迁的制度化缺陷，造成了这个帝国绝大多数精英人士选择在官场规则的"历练"中，收起自己的锋芒，搁置自己的理想，在这个庞大的升迁网络中慢慢提升自己的地位。时间久了，他们已经遗忘了士大夫对这个国家应该负有的责任，变得畏缩萎靡，帝国的衰落也就在情理之中了。

　　敷奏而明试[①]，吾闻之乎唐虞；书贤而计廉[②]，吾闻之乎成周。累日以为劳，计岁以为阶，前史谓之停年之格[③]。吾不知其始萌芽何帝之世，大都三代以后可知也。今之士进身之日，或年二十至

---

①这句话的意思是：向君主当面陈奏意见并考核学识能力。典出《尚书·舜典》："敷奏以言，明试以功。"下句的唐虞即指尧舜时期。　②这句话的意思是：地方官记录地方上的贤良并考察他们的品行操守。这是《周礼》中记载的举荐贤良的制度。　③这几句话的意思是：积累为官的时间作为个人的功劳和晋升的阶梯，过去的史官称之为"停年之格"。这里指的是《北史·崔亮传》中记载的："亮乃奏为格制，不问士之贤愚，专以停解日月为断。"停解，担任官职。

四十不等，依中计之，以三十为断。翰林①，至荣之选也，然自庶吉士至尚书②，大抵须到三十年或三十五年，至大学士③又十年而弱。非翰林出身，例不得至大学士。而凡满洲、汉人之仕宦者，大抵由其始宦之日，凡三十五年而至一品，极速亦三十年。贤智者终不得越，而愚不肖者亦得以驯而到④。此今日用人论资格之大略也。

夫自三十进身，以至于为宰辅，为一品大臣，其齿发固已老矣，精神固已惫矣，虽有耆寿之德，老成之典型⑤，亦足以示新进⑥；然而因阅历而审顾⑦，因审顾而退葸⑧，因退葸而尸玩⑨，仕久而恋其籍⑩，年高而顾其子孙，儡然⑪终日，不肯自请去。或有故而去矣，而英奇未尽⑫之士，亦卒不得起而相代。此办事者所以日不足之根源也⑬。

城东谚曰："新官忙碌石騃子⑭，旧官快活石狮子。"盖言夫资格未深之人，虽勤苦甚至，岂能冀甄拔⑮？而具形⑯相向坐者数百年，莫如柱外石狮子，论资当最高也。如是而欲勇往者知劝，玩恋者知惩，中材绝侥幸之心，智勇苏束缚之怨，岂不难矣⑰！至于建大猷⑱，白⑲大事，则宜乎更绝无人也。其资浅者曰：我积俸以

---

①翰林：这里指清代翰林院属官。参加殿试者除第一甲三人直接授予翰林院官职外，第二甲中还须经过考试选拔部分进入翰林院，称为庶吉士。这些人政治前途明显优于他人，所以作者下文称"至荣之选"。　②尚书：指六部长官。　　③大学士：清代的大学士相当于宰相，因此下文也称其为"宰辅"。满汉大臣各两人，正一品。　　④这两句话的意思是：贤明智慧之人最终也不能超越这样的晋升途径，那些愚钝或品行不端者却也有机会凭借做官的资格到达最高地位。　⑤典型：典范。　⑥示：示范。新进：年轻后生。　　⑦审顾：指瞻前顾后、患得患失。　　⑧退葸（xǐ）：畏缩。　　⑨尸玩：尸位素餐、玩忽职守。　　⑩籍：记录官员仕途的档案，这里代指官位。　　⑪儡（lěi）然：颓败不思进取的样子。　⑫英奇未尽：指才能出众还未能完全施展之人。　　⑬这句话的意思是：这就是当今朝廷真正能办事的人日益不够的根本原因啊。　　⑭石騃（ái）子：这里是呆子的意思。有的版本作"石呆子"，指打谷用的石碾，也可通。这句俗语揭露的就是当时新官为了升迁忙碌不堪而老官却十分清闲的怪现象。　　⑮甄拔：选拔。　⑯具形：这里是徒然具备形态的意思。　　⑰这几句话的意思是：在这样的风气下，却希望勇于办事者获得劝勉，玩忽职守者得到惩戒，才能平庸者断绝侥幸心理，智慧而有勇气者摆脱被束缚的怨气，难道不是很难的事情吗？　　⑱大猷（yóu）：有关治国的重大谋略和提议。　　⑲白：陈奏。

俟①时，安静以守格②，虽有迟疾，苟过中寿③，亦冀终得尚书、侍郎。奈何资格未至，哓哓然以自丧其官为④？其资深者曰：我既积俸以俟之，安静以守之，久久而危致乎是⑤。奈何忘其积累之苦，而哓哓然以自负⑥其岁月为？其始也，犹稍稍感慨⑦激昂，思自表见⑧；一限以资格，此士大夫所以尽奄然⑨而无有生气者也。当今之弊，亦或出于此，此不可不为变通者也。

壬癸之际胎观第四

《壬癸之际胎观》是龚自珍于道光二年（1822）至道光三年（1823）之间写的一组文章，因这两年的干支纪年分别为壬午年、癸未年，故称"壬癸之际"，"胎观"指孕育在心里的初步想法。在个体被普遍压抑的时代，思想界也会产生隐秘的反抗。在这篇主题为心性修养的文章中，作者也在强调个体精神之重要性，并提出了理想人（君子）的精神境界。这样的人格中正、开放、包容、流变，其实已经是一种超然于压迫与庸众的形象，具有近代意义。

心无力者，谓之庸人。报大仇，医大病，解大难，谋大事，学大道，皆以心之力。司命之鬼，或哲或惛⑩，人鬼之所不平，卒平于哲人⑪之心。哲人之心，孤而足恃⑫，故物之不平者恃之。

---

①俟（sì）：等待。　②格：做官的资格。　③中寿：古人将寿命分为上中下三等，说法各不相同，中寿一般指五六十岁。　④这两句话的意思是：为什么要在资格还未积累到一定程度的时候，就去争辩是非而冒失去官职的风险呢？哓哓（xiāo xiāo），争论的样子。为，句末语气词，表反问。　⑤这句话的意思是：经过很长时间才高升到这个地位。危，高。致，到达。　⑥自负：指自己白白辜负。　⑦感慨：指情绪激动昂扬。　⑧表见（xiàn）：表现自己的才能。　⑨奄然：没有生气的样子。　⑩惛（hūn）：糊涂。　⑪哲人：这里指圣明而有智慧者。　⑫孤：这里是出类拔萃的意思。恃：依赖。

或以妒正性命①，丑忌姣②，曲忌直，父亦妒子，妻亦妒夫；或以攻正性命③，细攻大，貌攻物，窳④攻成，侧攻中。细攻大，将以求大名；侧攻中，将以求中名。谓之舍天下之乐，求天下之不乐。

君子有心刑⑤，大刑容，中刑绝，细刑校⑥。道莫高于能容，事莫惨于见容⑦。大倨故色卑，大傲故辞卑，大不屑故所责于人卑⑧。

伤生⑨之事，异形而同神⑩者二：一曰好胜，二曰好色。何以同？其原⑪同也。

五伦之事，天人互孳，人天迭为始⑫。知不死之说者，亦不耻欲寿命。欲寿命有三术：惜神一，生物二，离怨憎三⑬。

大兵大札，起于肉食⑭。大亡大哀，起于莞簟⑮。大薄蚀，大崩竭，起于胶固⑯。

①这句话的意思是：有的人用妒忌来端正自己的天赋。语出《周易·乾卦·象》："乾道变化，各正性命。"　②姣（jiāo）：美貌的。　③这句话的意思是：有的人用攻击（对立一方）来端正自己的天赋。　④窳（yǔ）：本义指低下，这里引申为失败。　⑤心刑：精神上的刑罚。　⑥这几句话的意思是：最高一级的刑罚是宽容，中等的刑罚是断绝关系，最小的刑罚才用刑具。校（jiào），木制刑具，《说文》："木囚也。"　⑦这两句话的意思是：没有比能包容一切更高的境界，没有比被他人宽容更惨痛的事。　⑧这几句话的意思是：因此最倨傲的人在表情上却极为谦恭，最骄傲的人在言辞上却非常谦逊，态度最不屑的人责求他人之处却非常少。　⑨伤生：损害寿命。　⑩异形而同神：表现不同本质却相同。　⑪原：本源。　⑫这几句话的意思是：在人伦关系方面，自然和人互相催生，人与自然交替成为起源。这与作者关于人伦非先天地、先人而生的观点有关。在《壬癸之际胎观第一》中有"我气造天地，我天地又造人，我分别造伦纪"，表明人际关系是由人群产生规定的，这与当时占据正统地位的程朱理学是截然对立的。　⑬这句话的意思是：想要延长寿命有三个原则，第一是珍惜自己的精神，第二是使万物滋长，第三是摆脱怨恨憎恶的恶情。　⑭这两句话的意思是：大战乱和大灾变，源于权力的争斗。札，瘟疫。　⑮莞簟（guān diàn）：分别指以蒲草和竹子做成的席子，这里代指安逸享受。　⑯这几句话的意思是：日食月食、山崩地裂、河水枯竭之类大灾异的出现，往往因为当时人心固执。胶固，固陋。

论私（节选）

这是一篇锋芒毕露的文章，作者通过一件卖友求荣的事例，引出公私之辩，大作翻案文章。不但指出普通人都有自私自利的一面，更将那些屡经粉饰早已成为至公无私之典范的古代先哲一并打入自私自利的一类。反过来，又把子哙、汉哀帝这样的人称作大公无私的楷模，实在是惊世骇俗。作者大加挞伐儒家千百年来歌颂的"大公"美德，一方面是指斥那些心口不一的小人，另一方面更是希望将个体从这个迟滞的时代中抽离出来。当"至公"是为了满足少数人实质上的"大私"，而"无私"成为压抑人性的借口，传统的思想就出现了裂痕。

朝大夫有受朋友之请谒[①]，翌晨，讦[②]其友于朝，获直声[③]者，矜[④]其同官曰：某甲[⑤]可谓大公无私也已。龚子闻之，退而与龚子之徒纵论私义。

问曰：敢问私者何所始也？

告之曰：天有闰月，以处赢缩之度；气盈朔虚，夏有凉风，冬有燠日，天有私也[⑥]。地有畸零华离，为附庸闲田，地有私也[⑦]。日月不照人床闼[⑧]之内，日月有私也。

圣帝哲后[⑨]，明诏大号[⑩]，劬劳于在原，咨嗟于在庙，史臣书之。究其所为之实，亦不过曰：庇我子孙，保我国家而已。何以不爱他人之国家，而爱其国家？何以不庇他人之子孙，而庇其子孙？

---

①请谒：（就某事）提出请求。　②讦（jié）：当面指责对方。　③获直声：获得正直的名声。　④矜：向……夸耀。　⑤某甲：这里是对自己的代称。　⑥这几句话的意思是：历法上有闰月制度，来平衡时间的长短；岁时节气有差异，夏天也有凉风，冬天也有温暖的时候，这说明天也有偏私。赢缩，长短。燠（yù），温暖。　⑦这几句话的意思是：地上有零散不整齐的地方，成为附属的闲散土地，这说明地也有偏私。畸零，土地零散不能整齐规划的样子。华离，地形参差不齐的样子。　⑧床闼（tà）：指人居住的内室。　⑨圣帝哲后：圣明的帝王。后，王。　⑩明诏：公开诏告。大号：发布号令。

且夫忠臣忧悲，孝子涕泪，寡妻守雌①，扞②门户，保家世，圣哲之所哀，古今之所懿③，史册之所纪，诗歌之所作。忠臣何以不忠他人之君，而忠其君？孝子何以不慈他人之亲，而慈其亲？寡妻贞妇何以不公④此身于都市，乃私自贞、私自葆⑤也？

且夫子哙⑥，天下之至公也，以八百年之燕，欲予子之。汉哀帝⑦，天下之至公也，高皇帝之艰难，二百祀之增功累胙⑧，帝不爱⑨之，欲以予董贤。由斯以谭⑩，此二主者，其视文、武、成、康、周公，岂不圣哉？由斯以谭，孟子车氏其言，天下之私言也，乃曰："人人亲其亲，长其长，而天下平⑪。"

且夫墨翟，天下之至公无私也，兼爱无差等，孟子以为无父。杨朱，天下之至公无私也⑫，拔一毛利天下不为，岂复有干以私者⑬？岂复舍我而徇人之谒者⑭？孟氏以为无君。

且今之大公无私者，有杨、墨之贤耶？杨不为墨，墨不为杨。乃今以墨之理，济⑮杨之行；乃宗⑯子哙，肖⑰汉哀；乃议⑱武王、周公，斥孟轲；乃别辟一天地日月以自处。

且夫狸交禽媾，不避人于白昼，无私也⑲。若人则必有闺闼之

---

①守雌：典出《老子》："知其雄，守其雌，为天下谿。"这里指寡妇守节。　②扞：捍卫。　③懿：认为美好。　④公：这里是使……公开的意思。　⑤葆：通"保"，保护，保持。　⑥子哙（kuài）：战国时期燕国国君，因将君位禅让给子之而引发混乱，死于齐国的干涉之中。　⑦汉哀帝：西汉第十三位君主刘欣，下文提及的董贤是其男宠，有"断袖之癖"的典故。哀帝曾经提及要效仿尧舜禅位给董贤，但没有实行过。　⑧这句话的意思是：两百年来积累下来的功勋和福祉。祀，年。胙，福分，福佑。　⑨爱：吝惜。　⑩谭：同"谈"，谈论。　⑪这几句话的意思是：如果每个人都敬爱自己的父母，尊敬自己的长辈，那么天下就太平了。语出《孟子·离娄上》第十一章。　⑫杨朱的思想本具有极端的个人主义倾向，作者此处则认为，完全脱离社会性的人自然也不会有对他者之需，因而也称为至公无私。　⑬这句话的意思是：哪里还会有因为私人原因去请托的事情呢？　⑭这句话的意思是：哪里还需要舍弃私情，把来请求的人公布出去呢？　⑮济：帮助。　⑯宗：尊崇。　⑰肖（xiào）：仿效。　⑱议：这里是批评的意思。　⑲这几句话的意思是：禽兽交媾，即使白天也不躲避人，因为它们无私。

蔽，房帷之设，枕席之匿，赪頩之拒矣①。禽之相交，径直何私？孰疏孰亲，一视无差。尚不知父子，何有朋友②？若人则必有孰薄孰厚之气谊，因有过从宴游，相援相引，款曲燕私之事矣③。今曰大公无私，则人耶？则禽耶？

记王隐君

作者写隐士，颇有摇曳欹侧、点染烘托的笔法。先从外祖父两份旧藏写起，引起人许多疑惑。再写自己的一次寻访经历，耳聋老者，终究不是要找的隐士，真是"千呼万唤还不来"。之后又通过两位朋友的转述，侧面点出这位喜好碑帖、善于书法、性格率真、颇有古风的隐士。结尾证其确为王隐士，又与开头的"不能忘"相照应，却又堕入了对善书的"锄地者"的向往。作者的叙事策略与隐士的主题完美融合，使文章余韵悠长。而对世外高人的想往，也与现实社会沉闷凝滞的氛围有关。

于外王父段先生废簏中④，见一诗，不能忘；于西湖僧经箱中，见书《心经》⑤，蠹且半，如遇簏中诗也，益不能忘。

春日，出螺师门⑥，与轿夫戚猫⑦语，猫指荒冢外曰："此中有人家，段翁来杭州，必出城访其处，归不向人言。段不能步，我

---

①这几句话的意思是：如果换作人，就一定会有隐蔽的卧室，设置房中的帷幕，隐蔽枕席，并会羞愤地拒斥。赪頩（chēng pīng），羞愤而脸色变红。　②这两句话的意思是：父子亲情都不懂得，朋友关系算什么呢？　③这几句话的意思是：如果是人，就一定会有与某些人疏远与某些人亲近的情谊，因此才有彼此往来、宴会交游，互相提拔帮助，殷勤相待之事。　④外王父：即外祖父。段先生：即段玉裁，清代著名经学家，字若膺，江苏金坛人，他突出的成就在文字学方面，为东汉《说文解字》作注释，影响甚广。废簏（lù）：旧书箱。　⑤《心经》：《摩诃般若波罗蜜多心经》的简称，全文仅260字，大乘佛教的著名经典，通常使用的是唐代玄奘法师的译本。　⑥螺师门：杭州东城门清泰门的别称，因城外有螺蛳埠、螺蛳桥而得此名。　⑦戚猫：这是作者轿夫的姓名。

舁①往，独我与吴轿夫知之。"循冢得木桥，遇九十许人，短褐曝日中，问路焉，告聋②。予心动，揖而徐言："先生真隐者！"答曰："我无印章。"盖"隐者"与"印章"声相近。日晡矣，猫促之，怅然归。

明年冬，何布衣③来，谈古刻，言："吾有宋拓李斯《郎邪石》④。吾得心疾，医不救，城外一翁至，言能活之，两剂而愈，曰：'为此拓本来也。'入室径携去。"他日见马太常⑤，述布衣言，太常俯而思，仰而掀髯曰："是矣！是矣！吾甥琐成⑥，尝失步入一人家，从灶后揪户⑦出，忽有院宇，满地皆松化石⑧，循读书声，速入室，四壁古锦囊，囊中贮金石文字。案有《谢朓集》，借之不可，曰：'写一本赠汝。'越月往视，其书类虞世南⑨。曰：'蓄书生乎？'曰：'无之。'指墙下锄地者，'是为我书。'出门，遇梅一株，方作华⑩，窃负松化石一块归。"

若两人所遇，其皆是欤？予不识锁君，太常、布衣皆不言其姓，而吴轿夫言："仿佛姓王也。"西湖僧之徒，取《心经》来，言是王老者写，参互⑪求之，姓王何疑焉！惜不得锄地能书者姓。

桥外大小两树依倚⑫立，一杏，一乌柏⑬。

---

①舁（yú）：抬着。　②这几句话的意思是：沿着坟墓有一座木桥，遇到一位九十岁左右的老人，穿着短的粗布衣服在晒太阳，我向他问路，他说自己耳聋无法听清。　③何布衣：即何元锡，字梦华，钱塘人。　④《郎邪石》：即据信为李斯撰写的《琅琊台石刻》，故址在今山东省诸城市，清光绪年间散失，后被寻回，今存国家博物馆。在作者的年代，宋拓本由于拓印年代早，已极为珍贵。　⑤马太常：即马履泰，字药秋，钱塘人，官至太常寺少卿，故有此称。　⑥琐成：号吟竹，回族，随家以钱塘为籍，善于写诗。　⑦揪（jiǎo）户：小门。揪，狭仄。　⑧松化石：质地呈松树纹理的石材，常用以装饰园林。　⑨虞世南：字伯施，越州人，初唐著名书法家。　⑩作华：开花。　⑪参互：互相参考印证。　⑫依倚：倚靠。　⑬乌柏（jiù）：一种落叶乔木，叶子在春秋季会变为红色，喜湿。

己亥六月重过扬州记

作者曾经感叹，一个即将陷入衰败的时代，表面上与盛世最为相近，看起来风平浪静，一切照旧，似乎没有值得惊奇警觉的理由，但时代的危机也就在其中孕育着。作者不幸地发现，他自己身处的就是这样一个历经百余年所谓"康乾盛世"后逐渐陷入衰微的时代，内忧外患不断侵蚀着这个外强中干的帝国，但却没有人相信这一切。因此，在这篇感情曲折隐晦的文章里，作者再次表达了这种忧患意识。扬州是清代繁华的缩影，如今依然如故，作者却依然隐隐感到不安，他那样怅惘地追忆昔时人事，终究有王顾左右而言他之感。

居礼曹①，客有过者曰："卿知今日之扬州乎？读鲍照《芜城赋》，则遇之矣。"余悲其言。

明年，乞假南游，抵扬州，属有告籴谋②，舍舟而馆。

既宿，循馆之东墙步游，得小桥，俯溪，溪声欢③。过桥，遇女墙啮可登者④，登之，扬州三十里，首尾屈折高下见⑤。晓雨沐屋，瓦鳞鳞然，无零甃断甓⑥，心已疑礼曹过客言不实矣。

入市，求熟肉，市声欢。得肉，馆人以酒一瓶、虾一筐馈。醉而歌，歌宋元长短言乐府，俯窗呜呜，惊对岸女夜起，乃止。

客有请吊蜀岗⑦者，舟甚捷，帘幕皆文绣，疑舟窗蠡毂⑧也，

---

①礼曹：即作者曾经任职的礼部。　　②这句话的意思是：恰有向友人寻求资助的打算。属（zhǔ），适逢。告籴（dí），买米。从文末"虽乞籴"一句来看，这里是向人寻求经济资助的委婉说法。　　③欢：这里指溪水声喧响。　　④这句话的意思是：看见城墙上那些残缺而可以攀登的矮墙。　　⑤这句话的意思是：（扬州城内）前后、曲折、高低等处都一一呈现。见，通"现"，显现。　　⑥这句话的意思是：没有零乱残破的墙砖。甃（zhòu）和甓（pì）都是砖的意思。　　⑦蜀岗：扬州城北、瘦西湖北的一处山丘，其上有隋迷楼故址、唐大明寺、欧阳修平山堂等名胜。　　⑧蠡毂（luó què）：即螺钿一类的装饰物。蠡，通"螺"。毂，外皮。

审视，玻璃五色具。舟人时时指两岸曰："某园故址也，某家酒肆故址也。"约八九处。其实独倚虹园^①圮无存。曩所信宿之西园^②，门在，题榜在，尚可识，其可登临者尚八九处，阜^③有桂，水有芙渠菱芡^④，是居扬州城外西

北隅，最高秀。南览江，北览淮，江淮数十州县治，无如此冶华^⑤也。忆京师言，知有极不然者。

归馆，郡之士皆知余至，则大欢，有以经义请质难者^⑥，有发史事见问^⑦者，有就询京师近事者，有呈所业若文、若诗、若笔^⑧、若长短言、若杂著、若丛书乞为序、为题辞者，有状其先世事行乞为铭者^⑨，有求书册子、书扇者，填委塞户牖^⑩，居然^⑪嘉庆中故态。谁得曰今非承平^⑫时耶？惟窗外船过，夜无笙琶声，即有之，声不能彻旦。然而女子有以栀子华发为赘求书者，爰以书画环瑱

①倚虹园：在瘦西湖虹桥以南，是元代崔伯亨园林旧址，清代洪征治的别业。其中"虹桥修禊"和"柳湖泛春"是颇具盛名的景致。嘉庆以后该园荒废。　②信宿：住过两夜。西园：在扬州天宁寺西侧，临近乾隆当年下船的御码头。　③阜（fù）：土山。　④芙渠：荷花的别称。菱：一种水生草本植物，果实有硬壳，有角，可食。芡（qiàn）：一种水草。　⑤冶华：美丽繁华。　⑥这句话的意思是：有人来向我询问经典中某些内容的含义。　⑦见问：问我。见，在这里相当于代词"我"。　⑧业：从事，这里是学习的意思。笔：这里指不讲究韵律辞藻的散文。　⑨这句话的意思是：有人录下先人的事迹请我为其作碑铭。　⑩这句话的意思是：前来看望我的人很多，站满了房间。填委，堆积。塞，堵住。　⑪居然：非常像的样子。　⑫承平：长期太平。

互通问①。凡三人，凄馨哀艳之气，缭绕于桥亭舰舫间，虽澹定，是夕魂摇摇不自持②。余既信信，拏流风，捕余韵，乌睹所谓风号雨啸、鼯狖悲、鬼神泣者③？嘉庆末，尝于此和友人宋翔凤侧艳诗④，闻宋君病，存亡弗可知。又问其所谓赋诗者⑤，不可见，引为恨。

卧而思之，余齿⑥垂五十矣，今昔之慨，自然之运，古之美人名士富贵寿考⑦者几人哉？此岂关扬州之盛衰，而独置感慨于江介也哉⑧？抑予赋侧艳则老矣，甄综⑨人物，搜辑文献，仍以自任，固未老也。天地有四时，莫病于酷暑，而莫善于初秋。澄汰其繁缛淫蒸，而与之为萧疏澹荡，泠然瑟然，而不遽使人有苍莽寥沉之悲者，初秋也⑩。今扬州，其初秋也欤？予之身世，虽乞籴，自信不遽死，其尚犹丁⑪初秋也欤？

---

①这两句话的意思是：有女子拿栀子花做成的发饰作为见面礼来求我所写的字，于是彼此拿书画和首饰相互问候。贽（zhì），初次见面进献的礼物。爰（yuán），连词，于是。环瑱（tiàn），这里泛指首饰。②这几句话的意思是：这样的女子共有三人，她们美好而哀婉的气息，在桥亭和画船间环绕，我虽然向来颇为从容，这天晚上也受此影响有些控制不住自己的情绪。桥亭，指桥上所建用以遮蔽观景的亭台。舰舫（fǎng），建有房屋的船称"舰"，一般的船称"舫"，这里都指作者乘坐的游船。③这几句话的意思是：我已经在扬州住了四个晚上了，感受着这座城市留下的风气，捕捉着前时遗留下来的韵味，哪里看得到如《芜城赋》中描绘的风雨萧条、野兽悲鸣、鬼神哭泣的凄凉场景呢？拏（ná）：同"拿"，这里是感受、体验的意思。乌，疑问副词，怎么。鼯（wú），一种形似松鼠而能滑翔的鼠类。狖（yòu），一种黑黄色的长尾猴。④和（hè）：唱和。宋翔凤：字虞庭，江苏长洲人，是清代今文经学名家。侧艳：这里指涉男女之情而措辞艳丽。⑤这句话的意思是：又问及当年宋翔凤为之赋诗的歌妓。⑥齿：年龄。⑦寿考：长寿。⑧这两句话的意思是：我的这些感慨怎么会和扬州的盛衰有关，而让我在江边这样发出感喟呢？江介，江畔。⑨甄（zhēn）综：品评。⑩这几句话的意思是：能除去夏日的繁杂与闷热，并使天气变得清丽爽朗，清新凉爽，却又不让人立即感到空廓寂寥的悲凉之意，也只有在初秋时节了。寥沉（xuè），寂寞。⑪丁：遇到，碰上。

己亥杂诗（选七）

己亥年即道光十九年（1839），龚自珍辞官南归，于四月二十三日离开北京，八月底回到昆山，九月又北上接家属。在往返途中，无论是大好河山，还是友人酬答；无论是人民生活，还是街头杂景；无论是社会危机，还是内心忧虑，都让他思绪万千。从四月起，至该年十二月二十六日，他先后写下315首绝句，形成晚清具有重要地位与价值的组诗。

其　四①

作者时年四十八岁，尚感到青春犹在，因此对于归隐江南的生活充满了信心。因而，当他离开北京时，特意孤身一人，却并不伤感，倒有些气壮山河之感。

此去东山又北山，镜中强半尚红颜②。

白云出处从无例③，独往人间竟独还。

其十四

虽然对时局常表忧虑，但儒家底色的龚自珍依然相信个人努力的作用。他此番南归，确是出任多处书院的讲师，想必他已将拯救时弊的希望寄托在了后生身上。狂言，只有在那些对变化毫无察觉之人那里才"狂"，对于和作者有同感之人，都明白那是醒世名言。

---

①作者自注：余不携眷属僮从，雇两车，以一车自载，一车载文集百卷出都。　②这两句诗的意思是：此番归去，东山北山归隐；镜中容颜，尚余一半青春。东山、北山分别运用了谢安隐居东山和孔稚圭《北山移文》的典故，都指归隐之所。　③这句诗的意思是：我如白云，进退不循定例。出处，这里是出仕与退隐的意思。

颓波难挽挽颓心，壮岁曾为九牧箴^①。

钟虡苍凉行色晚，狂言重起廿年瘖^②。

其十八^③

阿辛是作者的大女儿，后来嫁给了作者朋友刘良驹的儿子。她似乎承继了其父多情善感的一面，钟情于冯词至于千回带泪吟咏。而作者看似为此感叹，实则以此反衬自己内心的寂寞。自己的政治立场难以得到大多数人的认同，相反，却被人诬为狂悖，他的知音尚未来到。

词家从不觅知音，累汝千回带泪吟^④。

惹得而翁怀抱恶，小桥独立惨归心^⑤。

其十九^⑥

杂技师能够同时累叠十枚弹丸，使人惊叹的同时，也让人为之担忧。作者借助这样一幅"危如累卵"的场面，事实上依然在抒发对于清帝国积重难返、危急存亡的忧虑。

---

①九牧箴（zhēn）：这里是运用西汉扬雄写作十二州箴文的典故。箴是一种韵文文体，内容以劝谏为主，这里可能代指作者在道光二、三年之际写作的《壬癸之际胎观》九篇。　②这两句诗的意思是：时局颓敝，国如日薄西山；再发狂言，打破廿年沉默。钟虡（jù），指装饰有猛兽图案的钟架，这里代指政权。行色，指旅途中呈现的疲惫之色。瘖（yīn），《说文》："不能言也。"这里指沉默。　③作者自注：吾女阿辛书冯延巳词三阕，日日诵之，自言能识此词之旨，我竟不知也。　④这两句诗的意思是：词人填词，本无深意寄托，故不奢求知音；却没想到冯延巳的这几首词，竟让你那么多次地含泪吟咏。　⑤这首诗的意思是：独立桥头，归心凄惨。归心，归乡之心。从这句看，作者女儿所诵之冯词中很有可能有著名的《踏鹊枝·谁道闲情抛弃久》。　⑥作者自注：道旁见鬻戏术者，因赠。

卿筹烂熟我筹之^①，我有忠言质^②幻师。

观理自难观势易^③，弹丸累到十枚时。

其六十二^④

> 作为段玉裁的外孙，龚自珍对文字学用力甚勤，许慎作《说文解字》时尚未能看到更多商周金文，因而对许多字的解释只能根据小篆作出，错误偏差在所难免。清代学者致力于小学，其掌握的资料较之古人也有了很多优势，作者就根据他所见的金文资料修正了《说文》的一些字义。而之后甲骨文的发现，则又给文字学带来了革命性的变化。

古人制字鬼夜泣^⑤，后人识字百忧集^⑥。

我不畏鬼复不忧，灵文^⑦夜补秋灯碧。

其一百零六

> 这首诗看起来似乎有所寄托，有人猜测是作者对那些规劝他不要过早隐退者的回答，也有人认为是作者讽喻那些仕途通达而洋洋得意者。但作者一再点到"万舶""滩上贾""收帆"等字眼，不能说与西方通商之事毫无关联。也许作者看到了包括鸦片在内的中西贸易隐藏着重大隐患，因而劝阻那些合作者尽早回头。但他的对策依然是传统型的，即以封闭对抗危机，终究还未迈入近代思维。

---

①这句诗的意思是：对于戏术，你已玩得烂熟，而对于眼前的局面，则由我来思考。　　②质：这里是与……讨论的意思。　　③这句诗的意思是：观察事物规律自然困难，但探察形势却还算容易。④作者自注：常恨许叔重见古文少，据商周彝器祕文，说其形义，补《说文》一百四十七字，戊戌四月书成。　　⑤鬼夜泣：这是指《淮南子》中记载的仓颉造字后"天雨粟，鬼夜哭"的传说。　　⑥这里是化用苏轼《石苍舒醉墨堂》中"人生识字忧患始，姓名粗记可以休"的诗句。　　⑦灵文：指传世极少的珍贵文字，这里指商周时期青铜器上的铭文。

西来白浪打旌旗，万舶安危总未知。

寄语瞿塘滩上贾，收帆好趁顺风时。

其一百七十

这是作者退隐后的一点小小忏悔，童心即是人天真本然的状态，也是未被社会性沾染的清净本心。但人终究要陷在复杂的人际关系之中，慢慢遮蔽自己的童心，伪装自己成为另一个我。

少年哀乐过于人，歌泣无端字字真①。

既壮周旋杂痴黠，童心来复梦中身②。

---

①这两句诗的意思是：我自少年时期，哀乐之表现就过于常人；无故高歌或悲泣，但字字都是心声。
②这两句诗的意思是：壮年之后，周旋官场，渐染假痴狡黠；童心无尘，遮蔽已久，唯有梦中再得。

文史知识

龚自珍

龚自珍（1792—1841），一名巩祚，字璱（sè）人，号定盦（ān）。他于乾隆五十七年（1792）七月初五出生于杭州的一个官宦世家。他的外祖父是著名的文字学家段玉裁，"自珍"这个名字就由段玉裁所取。其父龚丽正，对《楚辞》《两汉书》《三礼》等也颇有研究，曾担任苏松太兵备道，驻于上海，龚自珍也很有可能在今上海小南门的道前街一带居住过。由此可见，龚自珍出身于一个颇有学术根基的士大夫家族，其学养眼界自然与一般士子不同。他从小就喜欢读王安石的《上仁宗皇帝书》，据说曾经抄录过许多遍，可见革旧布新、敢于进言的品质从小就根植于其内心。

嘉庆二十三年（1818）秋，龚自珍参加浙江乡试中举，并取得第四名。次年春入京参加会试，没有考取。但期间他结识了大他两岁的魏源，他们都被视为近代第一批改革者。道光元年（1821）春，他以举人身份正式出任内阁中书一职，官职虽不大，但他得以接触大量实际政务，无疑使其对现实社会有了更深刻的认识。道光三年七月，龚自珍母亲段驯去世，他依例丁忧。九年三月，他在第六次会试中终于成功，在殿试及朝考中，他的策论都力主改革，切中时弊，与其思想保持一贯。但这样的议论必然激烈且牵涉诸多上层人员，故其殿试仅列第三甲第十九名，并因"楷法不中程"在朝考中不列优等，即不能进入翰林院，于是他继续回到内阁中书任上。十五年六月，他升任宗人府主事，两年后又任礼部主客司主事。十九年三月，其叔父龚守正任礼部尚书，成为龚自珍的上司，按照回避原则，他选择辞官，于四月二十三日晚独自离开北京，这也是他创作著名组诗《己亥杂诗》的开始。回到江南后，他开始在书院讲课，往返于杭州的紫阳书院和丹阳的云阳书院间，二十一年七月，当龚自珍来到丹阳后，却于次月十二日突然去世，年仅五十岁。

龚自珍是一个敏感的时代超前者，在早期的《乙丙之际著议第九》中，他写道："衰世者，文类治世，名类治世，声音笑貌类治世。……当彼其世也，而才士与才民出，则百不才督之、缚之，以至于戮之。戮之非刀、非锯、非水火，文亦戮之，名亦戮之，声音笑貌亦戮之。……又非一日而戮之，乃以渐，或三岁而戮之，十年而戮之，百年而戮之。才者自度将见戮，则蚤夜号以求治；求治而不得，悖悍者则蚤夜号以求乱。……然而起视其世，乱亦竟不远矣。"他在大多数人以为生逢盛世之时，却一针见血地指出这恰是最具迷惑性的衰世，而衰世最令人绝望的特征就是对各种人才和异类的扼杀，这种扼杀有时竟然是权力与大众的共谋。并且，这种扼杀是漫长渐进的，甚至可以达到百年之久，贻害无穷。因而，难怪当时有人批评龚自珍道："足下病一世人乐为乡愿，夫乡愿不可为，怪魁亦不可为也。乡愿犹足以自存，怪魁将何所自处！"这种宁为乡愿、不为怪魁的思想，在当时是具有代表性的。

但是，我们还应该看到的是，龚自珍虽然看到时代危机，并为之奔走呼号，但他的革新思想本质上还是根植于传统儒家思想的，无论是其外祖父、父亲的家学渊源，还是后来投著名的今文经学家刘逢禄门下，都表明他的思想资源主要来自儒学。同时，他在佛学上也有造诣，这使他的哲学思想带有更多的抽象思辨色彩。总之，他是顺应传统文化逻辑而生的革新者。也因此，他对于鸦片贸易乃至中英关系的看法，还未完全走出传统夷夏之防的思维，如《己亥杂诗》其一百十八："麟趾马蹄式可寻，何须番舶献其琛？汉家平准书难续，且仿齐梁铸饼金。"面对外来冲击，他的对策依然还是封闭。他曾写过一篇题为《东南罢番舶议》的文章，尽管全文没有保存下来，但从题目还是可以窥知，作者显然主张断绝东南沿海与海外的贸易，这样的对抗政策从后来的历史发展来看显然是不可取的。

而我们应该承认，龚自珍是从传统文化当中自主走出来，客观看待当时的中国与世界，并且从一片承平之中看到危机四伏的为数不多的士大夫。而当时过度成熟的文化使社会发展陷入停滞，人的发展失去多样性和空间，整个国家显得毫无生机。当西方的船坚炮利震惊了老大帝国时，那些抱着"人生程朱之后，百法皆备"思想的士大夫们自然猝不及防。

思考与练习

1. 作者在《明良论》中发现了怎样的现实问题？试加以归纳。结合第四单元文史知识的相关内容，说说科举制度在当时遇到了怎样的问题，作者对此提出对策了吗？查阅相关资料，结合时代背景，谈谈你认为合理可行的对策，并与同学讨论。

2. 对待人才的态度预示着时代的发展走向。下面三则材料，都能显示龚自珍的"人才观"，试具体阐述其内涵。

材料一

九州生气恃风雷，万马齐喑究可哀。我劝天公重抖擞，不拘一格降人才。（《己亥杂诗》其二百二十）

材料二

当彼其世也，而才士与才民出，则百不才督之，缚之，以至于戮之。……徒戮其心，戮其能忧心、能愤心、能思虑心、能作为心、能有廉耻心、能无渣滓心。（《乙丙之际箸议第九》）

材料三

或曰："梅以曲为美，直则无姿；以欹为美，正则无景；以疏为美，密则无态。"……斫其正，养其旁条，删其密，夭其稚枝，锄其直，遏其生气，以求重价，而江浙之梅皆病。（《病梅馆记》）

3. 以"先有伯乐，还是先有千里马"为辩题，在班级里开展一个小型辩论赛。注意明确概念的内涵和外延，尽可能多地收集能证明你观点的材料，并与同伴交流，互作补充。

4. 《记王隐君》一文中作者塑造了怎样的隐士形象？试将这一形象与传统文学中典型的隐士形象进行比较，指出他们的异同。

5. 扬州是历史名城，几经兴废。查阅相关资料，看看扬州在历史上经历了哪些变迁，留下了哪些故事、传说和典故。在这些资料的支持下，再思考《己

亥六月重过扬州记》中，作者看到的扬州依然繁华，又正值六月，为什么却说
"初秋也欤"？